「交渉力」を強くする

上手な交渉のための16の原則

藤沢晃治

ブルーバックス

●カバー装幀／芦澤泰偉・児崎雅淑
●カバーイラスト／ネモト円筆
●本文・扉・もくじ構成／工房 山﨑

はじめに

「交渉」というと、まずビジネス交渉や政治交渉、外交交渉などをイメージします。たしかにそうした大舞台で活躍している人々は、日々、高度な判断とテクニックでむずかしい交渉をこなしているのでしょう。しかし華麗な大舞台ではありませんが、あなたも日々、交渉の場に立たされているはずです。その結果、「あれ？　なんだか損した！」「こんなはずじゃなかった！」と思われることが多いのではありませんか？

たとえば、海外旅行先で土産物を値切り、ずいぶん安く買えたと喜んでいたら、同行の人がさらに安く買っていた！　親にお小遣いの値上げをお願いしたけど、うやむやのうちにいつのまにか現状維持にされてしまった！　お隣さんのピアノ練習の音がうるさいので申し入れたら、逆にうちの子供の声がうるさいことになってしまった！

そんなふうに「あれ？　なんだか損した！」「こんなはずじゃなかった！」と思う結果になってしまうのは、あなたの「交渉力」が弱いからです。

私自身、サラリーマン生活から足を洗って、執筆や講演、研修講師などで生計を立てるようになり、交渉力の大切さがいっそう身にしみています。仕事の日程、内容、報酬などのいっさいが、クライアントとの交渉によってそのつど決められるからです。

その交渉しだいで「これはなかなか割のいい仕事だな！」と思えることもありますが、やはり初めのうちは「こんなはずじゃなかった！」ということも少なくありませんでした。こうした経験を積んできて「交渉力とはなんだろう？」「交渉力を強くするには、どうしたらいいのだろう？」と、より深く考えるようになったのです。

私の趣味の一つにチェスがあります。チェスは、決まった盤面で、決まった動きをするコマを、決まった手順で動かして勝敗を競うゲームです。すべてが明確に定義されていますから、勝敗を決するのは、純粋な論理力です。こうした論理的思考は、交渉の場でもそのまま役立ちます。

しかしチェスでは、対局者はお互いに局面のすべてが見えているのに対して、交渉の場では本音を隠すなど、見えない多くの要素が複雑にからんでいます。交渉の「本音を隠す」という側面は、チェスよりも、むしろトランプゲームのポーカーに似ています。

ポーカーでは、自分の手札（カードの組み合わせ）と相手の手札で勝敗を決めます。「ポーカーフェイス」という言葉がありますが、本当は「弱い手札」しか持っていないときでも、ハッタリで「強い手札」を持っているふりをして勝つこともできます。あるいは逆に、「強い手札」を持っているのに、とぼけて「弱い手札」しか持っていないふりで相手を油断させることもあります。勝ちをより大きくするためです。このように、ポーカーは基本的に心理戦です。

「交渉」とは、チェスのような論理戦とポーカーのような心理戦をミックスしたゲームだと考えることができます。その論理戦としての交渉と、心理戦としての交渉の両面から、どのようにしたら「交渉力」を強化できるのかを考えたのが本書です。

分かりやすさを優先するため、本書では多くの「例」で金額交渉を取り上げています。もちろん日常の交渉事は金額交渉に限りません。大事なのは例で示した論理的手法と心理的手法です。そのポイントを理解していただければ、あなたの日々のさまざまな交渉に役立つはずです。

本書を手に取ったあなたは、交渉事ではいつも悔しい思いをしてきた人でしょうか？　それとも、たいていの交渉事で「勝利」しているけれど、より確実に勝ちたいと願っているのでしょうか？　いずれにしても、本書を読むことで、あなたのこれからの交渉で、「うまくいった！」と内心ニッコリ微笑《ほほえ》んでいただければ幸いです。

本書の刊行にあたり、下書きの段階から細かく目を通し、さまざまな貴重な助言をしてくださった週末起業フォーラム認定コンサルタントの古澤淳氏に深く感謝いたします。

二〇一〇年一二月　　　藤沢晃治

第3章 交渉で勝つための一六の基本戦略 39

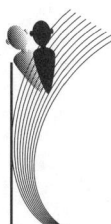

第1章
あなたの交渉はなぜ失敗するのか

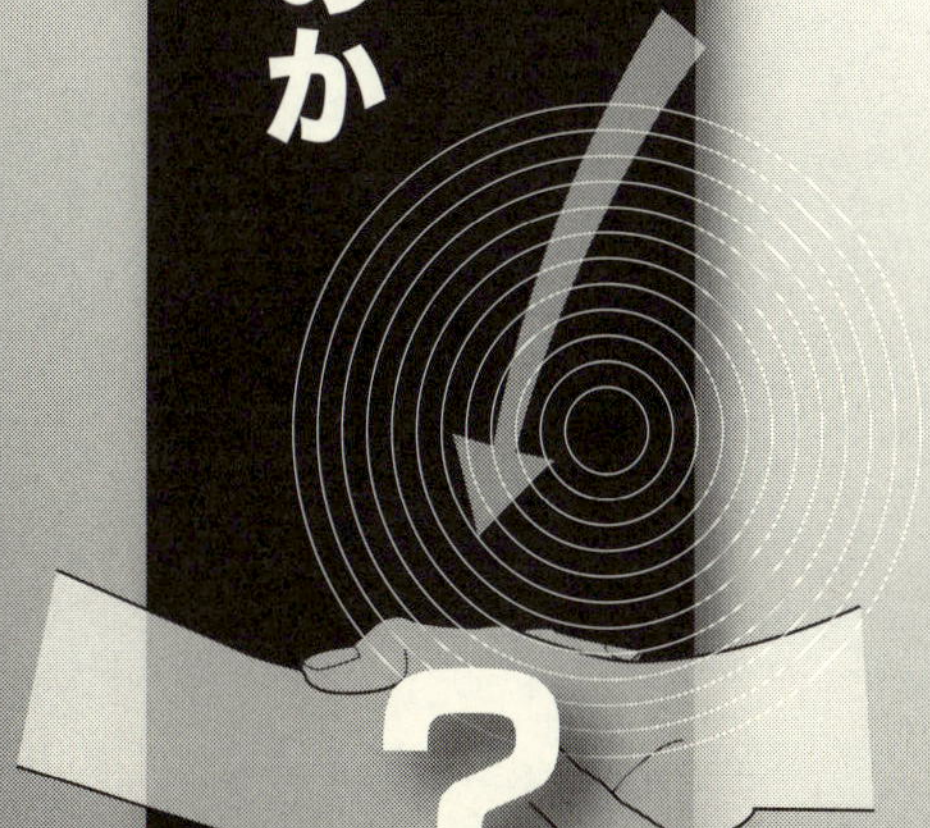

交渉下手の共通項

さまざまなビジネス上の交渉、日常生活のトラブルをめぐっての交渉などで、なぜかいつも上手にまとめる人と、なんだか言いくるめられてしまって、不満のままに終わる人がいます。その違いはどこにあるのでしょうか。

それを考えるヒントとして、まず、交渉が失敗する原因をざっと並べてみましょう。

◆交渉に失敗する一〇の原因

原因❶　性格が「お人好し」すぎる

原因❷　自分から先に本音を明かしてしまう

原因❸　主張に説得力がない

原因❹　交渉姿勢がかたくなである

原因❺　感情的になる

原因❻　安易な妥結案に飛びつく

原因❼　相手の話を聞かない

原因❽　相手の視点で考えられない
原因❾　相手の期待値を上げてしまう
原因❿　ハッタリがすぎる

まず以上の項目を順に考えていきましょう。

原因❶　性格が「お人好し」すぎる

いろいろなタイプを並べてみると、交渉がもっとも苦手な人とは、いわゆる「お人好し」です。正直すぎて本音を隠せない、他人の話を疑わない、心にもない演技はできないという人です。

買い物で値切るもっとも単純な交渉でさえ、自分の本音を隠し、相手と本音を探り合います。隠せない、疑わない、騙せないというお人好しには、むずかしいゲームです。

お人好しは、たとえば自分が欲しい商品を前にしたら「前から、こういうのが欲しかったんですよ〜！」などと、売り手にペラペラ話してしまいがちです。しかしペラペラ話すことは、相手にとって有利な情報が漏れてしまうことになります。売り手はあなたがどれほど欲しがっているか分かるのに、あなたは売り手の本音の金額を知らないことになります。トランプの「ババ抜き」で自分の手札を見せているような愚かな行為です。

また、お人好しな人は相手の言い分を疑わず、吹っかけられた値段も額面どおりに受け取ってしまいます。これでは、あなたは相手にいいように扱われてしまうでしょう。

たとえばあなたが、骨董品店で古い小さな壺をみつけ、すごく欲しくなって、店主と値段交渉をするとしましょう。あなたの見立てでは二万円ならお買い得です。

演技力のない人は、すぐに店主に「この壺、なにか惹かれますねぇ〜」などと、自分が欲しがっていることを口にしてしまいます。店主が「さすがお目が高い。どれほどのお品とお見立てですか？」と聞くと、正直に「二万円くらいでしょうか？」と、自分の手の内を明かしてしまいます。そして「本当は三万円以下ではとても売りたくないんですけど……。お目に留めていただけたのもなにかのご縁でしょうから、特別に大サービスして」などと言われると、それを真に受けて、一万八〇〇〇円で買っても、「お買い得だった」と思ってしまうのです。

しかし、このときあなたが「たいした壺ではないだろう」「どうしても欲しいわけじゃない」「せいぜい一万円の壺だろう」と思っているふり（演技）ができたら、店主は一万円でも売ったかもしれません……。
このように、演技力は交渉の必需品です。演技せず正直に振る舞っていては、交渉で負け続けるのは当然です。

目指せ！「大阪のおばさん」

私は家族から「大阪のおばさん」と呼ばれることがあります。家族と外出するようなとき、たとえばレストランで特別な注文をしたかったり、なにかのトラブルが起こったりして、私が交渉することがあります。家族はその交渉の様子を脇から見ていて、私のことを「大阪のおばさんだ！」と思うのだそうです。

私は本来、気が小さいのですが、弁護士だった祖父の血がそうさせるのか、相手の言い分が理不尽だと感じたりすると、おとなしく引き下がれないのです。

私は関西出身ではありませんが、日頃から「関西が世界標準」だと考えています。一般に日本人は内気で自己主張が下手という定評があります。しかし「大阪のおばさん」は「お人好し」の対極にあって、その自己主張力、押しの強さは世界と互角に渡り合えると、私は思っています。

ですから「大阪のおばさん」と呼ばれることは、私の交渉力が世界標準であることを家族から認められたことになり、私には名誉あるニックネームなのです。

ただし「お人好し」を自認される方も、その愛すべき性格自体を直す必要はまったくありません。ただ交渉の場でだけは、本書から学んだ交渉術を駆使して「大阪のおばさん」に変身してください。そうなると、あなたの「お人好し」という本来の性格は、むしろ相手の警戒感を和らげて相手を油断させるでしょう。つまり、「お人好し」という性格自体があなたにとって交渉を有利に進める武器の一つになるはずです。

原因❷ 自分から先に本音を明かしてしまう

野球の投手が、次に投げる球の球種や球筋をバッターに教えるでしょうか？　あるいは逆に、打者が自分の狙い球を相手投手に知らせるでしょうか？　野球では絶対にありえない、このような行為が、交渉ではしばしば見られます。

交渉に当たって、あなたには「これこれの条件なら妥結してもいい」という本音があるはずです。「これこれの条件」とは、自分にとっての限界値です。たとえば価格交渉で、買い手であるあなたが「三万円以下なら買ってもいい」という腹づもりだったら、その三万円が「最悪でも」という意味の限界値です。実際の売買価格は、この限界値よりもなるべく遠いところ（低い金額）で妥結したいのがあなたの本音です。

そしてこの場合にあなたは、相手（売り手）に攻め込まれないために、この腹づもりは隠しておくのが得策です。ところが、早く買いたいとあせって、早々に「三万円でどうですか？」などと真っ正直に言ってしまったりしていないでしょうか？　それを聞いた売り手は、早くも「最低でも三万円で買ってくれる」という確信を得たうえで、そこからできるだけ遠い高額を目指して攻めてくることになります。これでは交渉は売り手に一方的に有利な結果に終わるでしょう。

本音を隠せないあなたは、次に投げる球種や球筋を打者に伝えてしまう投手、あるいは狙い球を投手に知らせてしまう打者のような人です。交渉で損をするのは当然ではないでしょうか。

原因③ 主張に説得力がない

あなたの主張に説得力がなければ、交渉で成果を挙げることはできません。自分の主張に説得力がないのは、お人好しな性格と同じくらい、交渉を進めるうえでの致命傷です。

もっと正確に言うなら、説得力というより「説明力」です。説明が下手では相手を納得させられません。さらに、説明の中でもっとも重要なのは「論理力」です。説得力のある主張ができない人は、説明力というよりも論理力が欠けていることが多いようです。そして多くの場合、論理力に欠ける人は、一般に相手の主張の論理的不当性を指摘する能力にも欠けています。

主張とは、相手を納得させて初めて意味があります。自分の主張が正しいことの根拠をうまく説明できなければ、相手は受け入れてくれません。同様に、相手の主張の不当性を論理的に暴けなければ、相手の主張を押し戻すことはできません。

そして、論理的に説明して相手を納得させるには、じつはそれほど高度な技術は必要としないのです。論理的思考は苦手という人も、そう心配する必要はありません。第3章の「交渉の基本戦略③ 正しい根拠で主張せよ」をお読みいただければ、自信が持てるはずです。

原因④ 交渉姿勢がかたくなである

雨戸がなにかに引っかかって動かないとき、あなたはどうしますか？　こんなとき「押しても駄目なら引いてみな」と、いったん軽く引いてから押してみると、簡単に動くことがあります。それなのに「雨戸は押すものだ」と、かたくなに、ただ力一杯に押し続けてばかりいることはないはずです。

ところが交渉の場では、こうしたかたくなな姿勢がしばしば見られます。

交渉の場であなたが「白」を主張し、相手が「黒」と主張しているとしましょう。この場合、交渉のゴールは、たいてい「白黒をつける」ことではありません。「両者を足して二で割った」ような、いわば「灰色の決着」になることが多く、どちらかの一方的勝利で終わることはまれです。多くの交渉は、当事者どうしがいろいろと譲り合った中間的決着になるものです。

ですから、自分の最初の主張に固執していると、交渉は決着できなくなります。相手と主張がぶつかり合い、譲歩もできないときに求められるのが、柔軟な態度です。黒でも白でもない、灰色という色を受け入れられなければ交渉はまとまりません。

「黒でなければいやだ」「白でなければ妥結しない」とかたくなになるのは、「雨戸は押すものだ」とこだわるような愚かな行為なのです。

原因❺ 感情的になる

交渉が難航すると、いらついて「とにかく、こちらの言うとおりにしてください！」などと、論理的説得を放棄してしまうことがありませんか？　こうした感情の高ぶりは伝染しますから、相手も「そんなむちゃな！　話にならない！」と、感情的にますますこじれてしまいます。

交渉当事者どうしは、当然、お互いの利害が対立する敵対関係にあります。しかし、同時に「落とし所」という解決策を探す協力関係にもあります。直接交渉の場では、むしろ協力関係こそが、交渉妥結に必要不可欠です。

交渉とは、二人三脚で「合意」というゴールを目指し、協力しながら忍耐強く走るようなものです。感情的になって「協力しながら」の態度を忘れると、とたんにヒモで結ばれた二人の脚のリズムが合わなくなり、転倒してしまうのです。

したがって、自分の感情を適切にコントロールできないと、交渉はうまくいきません。

さらに、自分の感情コントロールを通じて、相手の感情もコントロールする必要があります。あなたは「何度、同じことを言わせるんだ！」などと、ついつい語気を荒らげていませんか？そんな言葉を聞かされた相手も、態度を硬化させ、交渉は物別れに終わってしまうのです。

また、相手を追い込みすぎてしまうことも、交渉失敗の原因になります。あなたの主張が正当だとしても、攻めすぎれば、相手の「反発」という感情のスイッチが入ってしまいます。その結果、交渉妥結がかえって遠のいてしまうでしょう。

できるだけ自分の利益を大きくするために、相手を攻めなければならないのは当然です。しかし同時にお互いの「感情のスイッチ」が入らない範囲に留めておく慎重さも大切です。その配慮に欠けたとき、あなたの交渉は失敗するのです。

原因⑥ 安易な妥結案に飛びつく

交渉が難航して、だんだん交渉を続けること自体が苦痛になり、「よく考えず、適当なところで手を打ってしまった」ことがありませんか？　相手との二人三脚で交渉という作業を進めることは、とかく不自由で不快なものです。一刻も早くそんな状態から解放されたいと思うのが人情でしょう。

交渉の時間が長引けば、その苦痛も無視できなくなってきます。交渉では、自分の利益を最大に、損失を最小にしようと努力しますが、長引く交渉で感じる苦痛も損失の一つです。つまり、交渉が長引いてくると、交渉結果の損失と、交渉過程のわずらわしさから感じる損失（苦痛）との総和を最小にすることが、交渉の大きな目標になってきます。

そうなると、わずらわしい交渉を早めに終わらせられるなら、交渉自体で多少の損をしてもよいと判断するような場合もあるでしょう。あなたの計算どおり、交渉自体の損失が小さく、交渉から解放される喜び（利益）がそれを上回るほど大きければ、それでも問題はありません。

しかし交渉のわずらわしさに負けて、ついつい安易な妥結案を受け入れてしまうとすれば問題です。あとで冷静になって考え直してみて、自分の損失が大きすぎることに気づいても、文字どおり「後の祭り」です。交渉では「短気は損気」なのです。交渉には、二人三脚を続ける忍耐力が必要です。その忍耐力の不足が、あなたの交渉を失敗させるのです。

原因⑦ 相手の話を聞かない

交渉がこじれてくると、あなたは一方的に言い放ったり、「いいから、だまっておれの話を聞け!」と威圧的な態度に出て、相手の話をさえぎったりしていませんか? これも、あなたの交渉を失敗させている原因になります。

そもそも相手の話を聞くことは、相手が隠している本音を探る有力な手段です。相手の本音や、強みや弱点を知ることで、あなたは優位な立場で交渉できるようになります。「相手の話を聞かない」のは、優位な立場を自ら放棄するようなものです。

また、相手の話をよく聞くことで、相手の感情を穏やかにする効果もあります。相手の感情が穏やかになれば、こちらの話も聞いてもらえる、などメリットが多いのです。

「聞く」こと自体はシンプルでむずかしくないはずなのに、なぜか、それが苦手な人も多いようです。しかし他人の話を冷静に聞けない人は、上手な交渉人とはいえません。

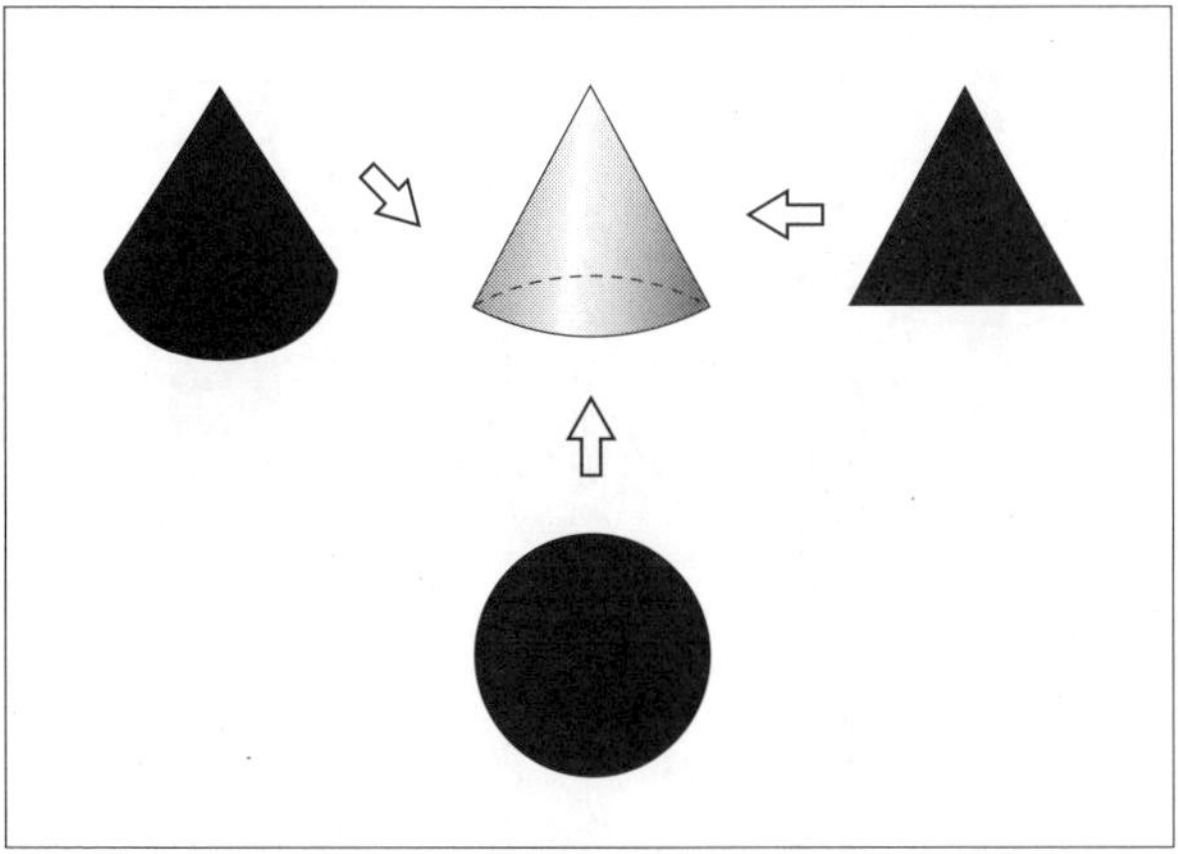

視点によって見えかたは異なる

原因8 相手の視点で考えられない

上の図で示すように、円錐は底方向から見れば円に、真横から見れば三角形に、斜め方向からは、また違った形に見えます。同じものが視点によって見えかたが異なるのです。

たとえば友だちからプレゼントをもらったとしましょう。友だちは、あなたが大いに喜ぶと思っている品でも、あなたの本音では、それほど嬉しくないこともあるはずです。友だちにとっては価値ある物でも、あなたが喜ぶプレゼントになるとは限らないのです。もちろん、その逆に友だちにとって無価値な物が、あなたにはすてきなプレゼントになることもあります。

つまり、プレゼントは相手の視点で選ぶことが大切です。

同じように交渉でも、あなたにとっては大きな譲歩のつもりなのに、相手がまったく評価してくれないことがあるのです。逆に、あなたにとっては小さな譲歩だったのに、相手が予想以上に喜んでくれることもあります。

したがって交渉でも、プレゼント選びと同じように「自分にはこう見えているが、もしかしたら相手には違って見えているかもしれない」という想像力が大切になります。

交渉では、相手が嫌がること、喜ぶことを正しく推察する「相手の視点」が必要です。あなたの交渉が失敗する原因の一つは、この「相手の視点」で考えられなかったことにあるのかもしれません。

原因⑨ 相手の期待値を上げてしまう

二〇〇九年から一〇年にかけて、当時の鳩山首相は沖縄の米軍普天間基地に関して「最低でも県外移設」と繰り返しました。県外移設のむずかしさは誰の目にも明らかでしたが、政府トップの発言です。どんな形にせよ進展があるに違いないと、沖縄県民は大いに期待しました。

しかし八ヵ月間の迷走の末、結果は振り出しに戻ってしまいました。「県外移設が実現するかもしれない」と期待させられた分、沖縄県民の落胆も大きなものになりました。

交渉に当たっては、「これくらいの成果はあるだろう」と期待する気持ち（期待値）が、妥結案に対する満足度に影響します。たとえば、二〇〇万円の配当があるだろうと期待していた人には、五〇万円の配当は十分な額です。しかし逆に一〇〇〇万円の配当があるだろうと期待していた人には、五〇〇万円という額は不満で、配当交渉はまとまらないでしょう。

交渉を急いだり、交渉の重苦しい雰囲気が苦痛だったりすると、つい不用意な発言をしていませんか？　つまり、相手が喜ぶような好条件で妥結しそうな印象を与えてしまっていませんか？　しかし相手の期待値を上げることは、交渉妥結のハードルを上げ、あなたの首を自ら絞めることになるのです。

原因⑩　ハッタリがすぎる

「交渉とはハッタリだ」と言う人がいます。交渉下手な代表的タイプとして、正直に自分の本音をさらけ出してしまう「お人好し」タイプを挙げました。ハッタリがすぎるタイプとは、このお人好しと対極にあるようなタイプですから、たしかに交渉上手のように思えます。

しかし「交渉とはハッタリだ」は、部分的には正解ですが、部分の特徴を交渉全体の特徴と見るのは、やはり間違いです。

ハッタリ中心で交渉を進めれば、徐々に相手の信頼を失い、オオカミ少年扱いされてしまいます。そうなると、あなたが自分にとって限界的な妥結条件を提案しても、相手は「まだまだ余裕があるのに隠しているに違いない」と思って、交渉妥結に応じてくれないでしょう。

ハッタリでは相手と信頼関係を築けません。もしもあなたが「交渉とはハッタリだ」と考えているのなら、それがあなたの交渉が失敗する原因だったのです。


以上、交渉に失敗するさまざまな原因を検討しました。

あなたのこれまでの交渉で失敗した例を思い出してください。こうした原因のうちの一つだけではなく、いくつかを同時に犯していることも多いと思います。悪い原因が複数個重なれば、当然、交渉結果はそれだけ悪いものとなるでしょう。「あっ、これは私だ！」と思える原因があった方は、ぜひ、本書の第3章でその対策をしっかり身につけてください。

しかしその前に、そもそも「交渉とはなにか」を、次の第2章で、もう少し詳しく検討しておきましょう。

第2章 「交渉」とはなにか

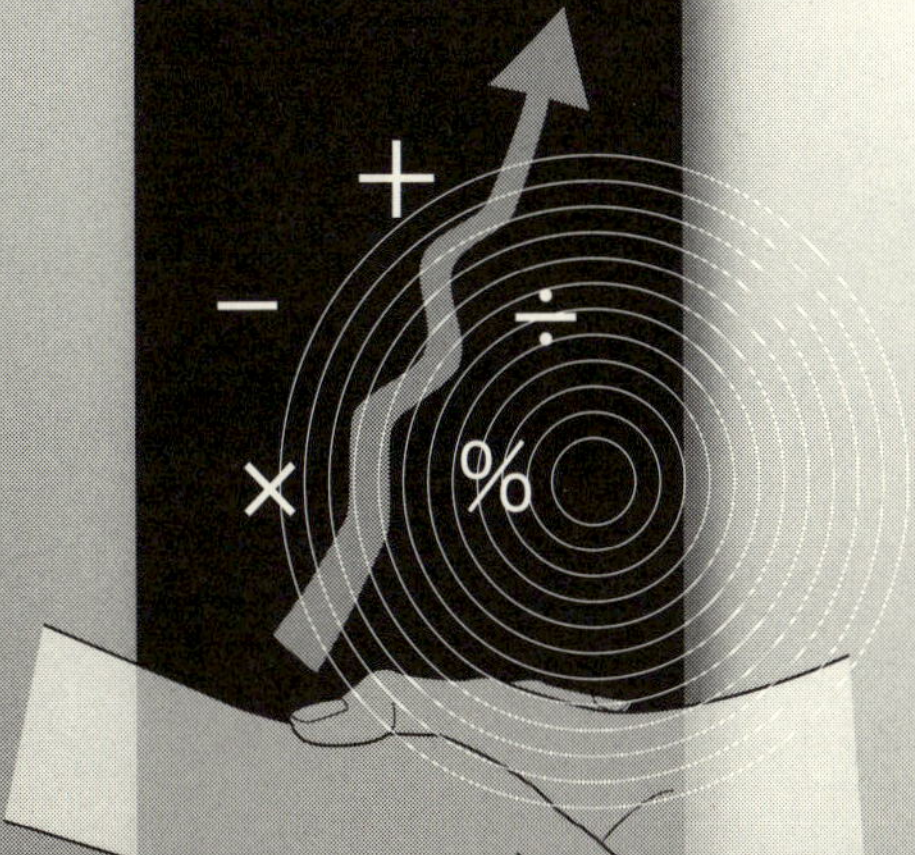

日常生活での交渉

「交渉」と聞いたら、人それぞれいろいろなイメージが思い浮かぶと思います。実際「交渉」にはさまざまな定義とレベルがあります。そこで第2章では、そもそも本書で扱う「交渉」とはなにかを定義しておきたいと思います。

本書が対象とする「交渉」とは、私たちが日常生活で直面する交渉です。

さらに「交渉」と聞くと、基本的には利害が対立する者どうしの調整をイメージします。そして「交渉相手」として、家族や恋人、親友などではない人々が思い浮かびます。

しかし本書では「意見対立を解消するための話し合い」であるなら、軽い相談事を含め、すべて「交渉」とみなします。たとえば、夏休みに海へ行くか山へ行くかで家族の意見が割れた場合、これを決めるには家族全員の合意が必要です。すなわち「山派」と「海派」との交渉です。もしもあなたが「山派」なら、「海派」にも山に行くことに同意してもらうように交渉するわけです。

こうした日常生活での交渉を考えると、以下のような「交渉の五大原則」が定義できます。

◆交渉の五大原則

原則❶　交渉は「パイの奪い合い」である
原則❷　交渉は「共同作業」である
原則❸　交渉を決着させるのは「当事者自身」である
原則❹　交渉には「フェイントプレイ」がつきものである
原則❺　交渉では「公平性の原則」を順守する

それぞれについて、詳しく見ていきましょう。

原則❶　交渉は「パイの奪い合い」である

あなたの家の冷蔵庫が壊れました。修理するよりも買い換えたほうが安くすみそうです。折よく同じマンションの住人が、海外赴任するので家具を売却処分すると聞き、さっそくそのお宅を訪ねました。期待どおりに冷蔵庫も売りに出ています。しかも購入してから日が浅く新品同様です。サイズも十分大きく、あなたの希望どおりだったので価格交渉に入りました。

あなたの本音は、いくら新品同様でも中古には違いないので一二万円まで。一方、売り主の本音は、二〇万円で購入し、まだほとんど新品なので、八万円未満では売りたくありません。

あなたが受け入れ可能な価格範囲の「一二万円以下」と、売り主が受け入れ可能な価格範囲の「八万円以上」では、重なる部分があるので、交渉の余地があります。「重なる部分」とは、双方が合意できる価格範囲です。

この場合、あなたにとって、もっとも望ましいのは売り主の許容下限値である八万円で買い取れることです。一方、売り主にとって、もっとも望ましいのは、買い主であるあなたの許容上限値である一二万円で売り払えることです。

こうして、双方が「自己利益の最大化」を目指した交渉となります。それは八万円から一二万円までという、四万円幅の「パイの奪い合い」になるわけです。

原則❷ 交渉は「共同作業」である

冷蔵庫をめぐる交渉では、あなたと売り主はそれぞれ、お互いにパイを奪い合う「敵」でしょうか？　たしかに「自己利益の最大化」を交渉の唯一の目的とすれば、利害が対立する者どうしが戦う「敵対型交渉」になります。敵対型交渉では、交渉の結果は、自分さえよければ相手がどうなってもかまわないことになります。

一方、交渉相手を、二人三脚で交渉妥結というゴールを目指すパートナーと見ることもできます。この場合は「平和型交渉」と呼ぶことができます。そして平和型交渉での「敵」は、交渉相手ではなく、その交渉妥結を阻むさまざまな「問題」です。

あなたは一二万円以内で冷蔵庫を買い、売り主は八万円以上を手にするのが「共通のゴール」です。そして、たとえばお互いに相手の本音の値段が分からないことが障害、つまり「問題」の一つになっているわけです。そこでお互いにパートナーとして協力しながら、「敵」である諸問題を解決し、共通のゴールである交渉妥結を目指すことになります。

この交渉で目指すものは、お互いに「自己利益の最大化」であると同時に、「相手が同意する」という平和的な解決でなければなりません。

本書で取り上げるのは、あくまでも日常生活での交渉ですから、基本的には敵対型交渉ではなく平和型交渉をまず目指します。

原則❸ 交渉を決着させるのは「当事者自身」である

しかし、世間では利害がするどく対立する敵対型交渉のほうが多いから、平和型交渉のための交渉術など役立たない——と思う方が多いかもしれません。はたして本当にそうでしょうか？ ここで気づいてほしいことがあります。交渉を決着させるのは誰でしょうか？

適切な「落とし所」に当事者間で合意できないと、裁判に持ち込まれることがあります。裁判で交渉を決着させるのは、裁判官という中立的な第三者です。裁判官が強制力を持った判決を下してくれるので、裁判は敵対型交渉が前提です。当事者どうしは相手の感情などまったく無視して、全力で相手を非難、攻撃していればよいわけです。

一方、日常的な交渉では、強制力を持った中立の第三者が手助けしてくれません。落とし所を考え、合意するのは当事者自身です。したがって日常的な交渉では、相手の感情を無視していたら、永遠に決着しないでしょう。どれほど利害が対立していても、強制力を持った裁判官がいない以上、当事者自身で合意できる落とし所を考えなければなりません。

先ほどの冷蔵庫の売買交渉でも、客観的に値段を決めてくれる裁判官はいません。最終的にはあなたと売り主が、お互いに少しずつ譲歩した金額で妥協するか、それとも大いに不満足で交渉を決裂させてしまうか、自分たち自身で決めなくてはならないのです。

このように、日常の交渉は、ケンカばかりを続けてはいられず、共同作業にならざるをえません。すなわち、敵対型交渉を平和型交渉に転化させていくことこそ、妥結への道なのです。その転化に失敗すれば、交渉は決裂（失敗）で終わります。

原則❹ 交渉にはフェイントプレイがつきものである

交渉が共同作業であるということは、勝つためならなんでもやるケンカではなく、フェアプレイなゲームだということです。ただしフェアプレイなゲームでも「騙し」や「脅し」のフェイントプレイが許されています。

たとえば卓球で、カットボールを打ってコースの読みを外すのは「騙し」です。野球で、走者が盗塁するぞと投手に見せかけるのは「脅し」のプレイでしょう。将棋の手などでも、位の低い駒で高位の駒を「このまま放置すれば取るぞ」と脅し、相手にその対策を迫ることがあります。チェスでは、そのような手を文字どおりスレット（threat：脅し）といいます。ポーカーでも、本当は「弱い手札」しか持っていないときに、ハッタリの脅しで勝ったり、「強い手札」を持っているのに、とぼけて相手を騙したりすることがあります。

スポーツやゲームの場でのこうした「騙し」や「脅し」は、巧みな技としてむしろ賞賛されます。同じように交渉の場でも「騙し」や「脅し」のテクニックは容認されるはずです。

たとえば、交渉が妥結できないとしても、自分にはなんの損失もないように思わせるのが「騙し」です。一方、発生するであろう相手方の損失を指摘するのが「脅し」です。こうして、相手がその損失を避けるような方向に誘導するわけです。

先ほどの冷蔵庫の価格交渉で値段が折り合わなかったら、あなたは「そんな高くは買えません」と断るでしょう。もちろん売り主だって「そんな安い値段では売れません」となります。どちらもそれが本音かどうかは分かりません。しかし、あなたは相手に「この値段では帰っちゃいますよ」と脅し、売り主も「その値段では、他の人に売りますよ」と脅しているわけです。「騙し」や「脅し」は、交渉術の心理戦として、中核をなすテクニックと言えるでしょう。

原則⑤ 交渉では「公平性の原則」を順守する

スポーツやゲームにルールがあるように、交渉にもルールがあります。交渉時のルールとは、もちろん法律もそうですが、法律以外にも社会的ルールがあります。それを私は「公平性の原則」と呼びたいと思います。私たちは誰でも、この「公平性の原則」を無意識に守りながら交渉を進めています。

ただし、「公平性」と聞くと、なんとなく「公明正大な利益配分」を思い浮かべるかもしれません。そして「交渉結果が自分に一方的に有利になっても、それはむしろ上手な交渉の成果なんだから、公平でなくてもいいんじゃないか」と思われる方も多いでしょう。

しかし私が言う「公平性の原則」とは、「ルールの公平性」であって「結果の公平性」のことではありません。どんなスポーツやゲームでも、結果としてどちらか一方の圧勝に終わることがあります。けれどもルール自体は両者に公平に適用されていたはずです。対決する両者に公平なルールがあるからこそ、私たちはその結果を受け入れているのです。

中立的な第三者である裁判官が決着をつけてくれる裁判と違い、交渉では当事者自身で合意案に至らなくてはなりません。そのとき、交渉当事者双方に公平に適用される「公平性の原則」というルールに則って争うからこそ、お互いが受け入れられる妥結ができるのです。交渉での「脅し」や「騙し」も、このルールに従ったうえでなければなりません。

ただし、たとえばサッカーのゴールシーンで、実際にはハンドでゴールしても、審判がそれを見逃せばゴールは成立します。このとき、ハンドした選手が自らそれを申告することはないでしょう。

交渉においても、あなたが公平性の原則に反する「脅し」や「騙し」をしてしまうかもしれません。そんなときも、あなたはそれをできるだけ隠すでしょう。その意味で、より正確には「表面的な公平性の原則」ということになります。

とはいえ、サッカーで審判がハンドに気づけば、やはりゴールは無効になります。それだけでなく、イエローカードが出されるかもしれません。交渉の場でも、あなたの公平性の原則違反が見破られて「それじゃあ、あまりに不公平じゃないですか!」と相手に叫ばれたら、やはり折れざるをえません。場合によっては、そのことを理由に、相手から逆に攻め込まれるかもしれません。交渉における「脅し」や「騙し」には、そうしたリスクもあるのです。

以上、「交渉の五つの原則」を見てきました。すなわち、交渉はパイを奪い合う争いである一方で、妥結を目的にした、交渉相手との共同作業です。また交渉は裁判とは異なり、裁判官のような中立の第三者が強制力のある決着をつけてくれるわけではありません。交渉では、当事者自身が決着させなければならないのです。そして、相手を脅したり騙したりすることも許されますが、それは「表面的な公平性の原則」に従っていなくてはなりません。

さて、あなたは日頃、これらの原則を理解したうえで交渉に臨んでいましたか? これらの原則をしっかり理解することが、交渉上手への第一歩です。

では、実際に交渉上手になるにはどうすればよいのでしょうか? 次の第3章ではその具体的な基本戦略を考えていきます。

第3章

交渉で勝つための一六の基本戦略

「巧みな交渉人」への道

ここまで読み進まれて、いままでのあなたの交渉がうまくいかなかった原因に、少しは思い当たったのではないでしょうか。思い当たったそれらの原因を取り除くだけでも、これからの交渉では、きっとよりよい結果が生まれるはずです。

さらに、次のような一六の基本戦略を身につけることで、あなたはもうワンランク上の交渉人になれるはずです。

◆交渉で勝つための一六の基本戦略

基本戦略❶　欲しがらないふりをせよ
基本戦略❷　交渉決裂の恐怖に耐えよ
基本戦略❸　正しい根拠で主張せよ
基本戦略❹　相手の期待値を下げよ
基本戦略❺　巧みに吹っかけよ
基本戦略❻　効果的に脅せ

基本戦略❼　相手をあせらせよ
基本戦略❽　相手の話はよく聞け
基本戦略❾　相手に共感を示せ
基本戦略❿　相手を助けよ
基本戦略⓫　「相手の譲歩案」を自ら提案せよ
基本戦略⓬　自分の譲歩は高く売れ
基本戦略⓭　譲歩は小出しにせよ
基本戦略⓮　成果を欲張るな
基本戦略⓯　第三の道を探せ
基本戦略⓰　メールだけでの交渉には注意せよ

ちなみに「はじめに」で述べたように、交渉術は論理戦と心理戦に大きく二分できます。ただし論理戦よりも心理戦の比重が大きいことは否めません。数学が得意で論理的な正直者より、数学が苦手でも狡猾な人間のほうが交渉では強いのです。

そこで、本書では心理戦により多くのページを割いています。論理的な主張で人を説得するテクニックに関しては、ブルーバックスの既刊書『「分かりやすい説明」の技術』と『「分かりやすい文章」の技術』で語り尽くしています。本書を読み終えた後、論理戦での交渉力をさらに強化したい方には、ご一読をお勧めします。

それでは戦略の一つ一つを詳しく見ていきましょう。

交渉の基本戦略❶

欲しがらないふりをせよ

パイを奪い合う

第2章で、同じマンション内の住人が不要な家財を売却処分するので、冷蔵庫を買いたいあなたが価格交渉する話をしました。

あなたの本音の支払い上限額は一二万円で、売り主の本音の売却下限額は八万円でした。つまり、八万円から一二万円までの間の幅四万円が、双方が合意できる価格の範囲です。あなたと売り主は、この四万円のパイを奪い合うわけです。

以下の交渉の様子は、そのことを念頭において読んでください。

下手な交渉

あなた：この冷蔵庫も売却希望なんですか？

売り主：ええ、海外赴任が決まったのですが、海外への輸送費用はバカになりませんし、あちらで使えるかどうか調べるのもめんどうですから。

あなた：まだ新品ですねぇ。こういう大型冷蔵庫が欲しかったんですよ。

売り主：そうでしょ！　この冷蔵庫、買われますか？

あなた：そうですねぇ、値段が手頃なら……。いくらで売ってもらえますか？

売り主：今日は土曜で、明日の日曜も含めると四、五人の方が売却処分品を見に来られるので、まだ売却価格は決めてないんです。ちなみに、いくらならお買いになりますか？

あなた：一〇万円なら納得できる価格です。でも、今日、明日の他の訪問者の方を待たずに、いますぐ売ってもらえるなら一二万円でOKです。

売り主：そうですかぁ。でも、なるべく多くの方の金額を聞きたいし、どうしようかなぁ。
あなた：そこをなんとかお願いします。
売り主：どうしようかなぁ。一二万円でも予想外に安いしなぁ。
あなた：一二万円以上は苦しいです。それなら、ローンを組んで新品を買うほうがいいですよ。
売り主：分かりました。じゃあ一二万円で結構です。

交渉の「強者」と「弱者」はどう決まるか

欲しがる者は「お願いする側」であり、欲しがらない者は「お願いされる側」です。交渉における力関係を決めるうえで、お願いする側とお願いされる側とでは、どちらが強いかはすぐ分かります。欲しがる者は交渉の「弱者」、欲しがらない者は「強者」というのが原則です。

この原則で考えれば、売り主が「海外への輸送費用もバカにならないし、海外で使えるかどうか調べるのもめんどうですから」というのは、自らを弱者にしかねない発言です。

しかし、あなたは売り主に輪をかけた交渉下手です。「こういう大型冷蔵庫が欲しかった」「すぐに売ってくれるなら、一二万円で買う」など、いかに冷蔵庫が欲しいかを態度に表しています。つまり、弱者である「お願いする側」に自ら立ってしまい、結果的に売り主を強者である

「お願いされる側」にしているのです。

「欲しがる者は弱者」というのは当たり前のようですが、交渉の当事者になると、ついついこの大原則を忘れてしまいます。

大昔、新居を探す際、同行していた妻の無邪気さによく困らされたものです。不動産屋が見せる物件に「日当たりがいいわねぇ」などと素直に言うのです。私は、じつは気に入った物件でも、それと悟られないように渋い表情で価格交渉をしたかったのに、「欲しがらないふり」ができない妻がいつもじゃまをしたものです。

「パイの大きさ」を知られるな

冷蔵庫の買い取り交渉で、あなたが交渉の場で弱者になった理由は、欲しがったからだけではありません。決定的なミスは「一二万円で買います」と、あなたの限界値（上限額）を明かしている点です。自分の本音の限界値を示すことは、交渉におけるもっとも避けるべき行為です。

その理由は、交渉相手に、あなたには分からない「パイの大きさ」を知られてしまうからです。パイの大きさとは、交渉で奪い合う成果です。売り主の本音の下限額である八万円と、あなたの本音の上限額である一二万円の幅四万円が、この交渉での「パイの大きさ」になります。

あなたは、自分の限界値である一二万円を売り主に伝えてしまいました。一方、売り主は限界値である「八万円以上」をあなたに伝えていません。それによって売り主だけは、この交渉で奪い合うパイの大きさが四万円であることを知りますが、あなたは知らないことになります。

パイの大きさを知っている売り主と、知らないあなたとでは、交渉における力の差は歴然です。案の定、交渉は価格一二万円で決着し、パイの全額四万円を売り主に奪われてしまいました。しかも、あなたには「パイの全額を奪われた」という自覚すらありません。それどころか「土曜、日曜の他の希望者と争えば、一二万円以上になったかもしれない」と考え、むしろ喜んでいます。

交渉では「正直者は損をする」のが大原則です。「欲しがっていること」と「本音の限界値」を正直に交渉相手に伝えることは、野球の試合で投手が、次に投げる球の球種や球筋を打者に教えるような行為であることを肝に銘じてください。

「欲しがらないふり」の効果

では、あなたが「欲しがらない」交渉をしたらどうなるでしょうか？

上手な交渉

あなた：この冷蔵庫も売却希望なんですか？
売り主：ええ、海外への輸送費用もバカになりませんし、海外で使えるかどうか調べるのもめんどうですから。
あなた：でも、これだけ大型だと、消費電力が大きくて電気代がかさみそうですねぇ。
売り主：省エネタイプですから、それほどでもありませんよ。この冷蔵庫、買われますか？
あなた：格安なら考えてもいいけど、とりあえずなにがあるか見に来ただけですし……。
売り主：（本音では八万円以上なら即座に売却してもよい）いくらなら買っていただけます？
あなた：（気に入っていて、一二万円以下なら買う気満々なのだが）すぐに買うつもりはなかったので、とくに予算は決めてないですね。逆に、いくらならお売りになるんですか？
売り主：（最初は本音の下限額である八万円ではなく、軽くフェイントで返す）そうですねぇ、一〇万円くらいかな。
あなた：（「えっ、一〇万円でいいの？」と喜ぶが、それが相手の本音の下限値かどうか不明なので、同じくフェイントで本音を探る）中古で一〇万円は高いですよ！　一〇万円なら、ほんのちょっとサイズが小さくなりますが、新品を買えますもん。

売り主：そうですか。じゃあ九万円ではどうですか？

あなた：（それでも高い、と言わんばかりの渋い表情で）九万円かぁ。

売り主：（八万円でも売るつもりだが、最後に「脅し」をかけてみる）九万円未満ではちょっとむずかしいです。今日、明日で四、五人の方がいらっしゃる予定なので、どなたか他の方に検討してもらいます。

あなた：（「九万円未満は無理」が本音なのか、フェイントなのかの判断に迷う。しかし買えるチャンスを逃さないため）じゃあ、ちょっと高いけど九万円で買わせてもらいますよ（渋い表情を続けているが、本音の上限値である一二万円と比較して三万円も得した気分）。

売り主：ありがとうございます（本音の下限値である八万円より一万円だけ得した気分）。

この交渉では、あなたも売り主も、「こんなはずじゃなかった！」「なんか損した！」という思いはなく、ともに満足感を覚えています。これこそ理想の交渉結果といえるでしょう。

「下手な交渉」では、あなたは「そこをなんとかお願いします」と、自ら「お願いする側」という弱者になってしまいました。しかし「上手な交渉」では、「電気代がかさみそう」とか「中古で一〇万円は高い」とか、欲しがらないふりをうまく演じています。

あなたのそうした演技のおかげで、今回は売り主が「いくらなら買っていただけます?」と、逆に、お願いする弱者の立場に追い込まれています。その結果、「下手な交渉」でパイの四万円すべてを売り主に取られたあなたが、「上手な交渉」では逆に三万円を勝ち取ることができました。このように相手の譲歩案にすぐ飛びつかず「欲しがらないふり」をするのは交渉術の基本中の基本です。

ただし、あなたが欲しがらない態度を見せたことで、本当に買う気がないと思われ、相手も本気で交渉してくれなくなる可能性もあります。逆に、あなたが本気を見せることで、相手をも本気で交渉のテーブルにつけさせ、本気ならではのギリギリの譲歩を引き出すことができるかもしれません。したがって「欲しがらないふり」は、相手の反応をよく観察しながら、慎重に演じる必要もあります。

交渉の基本戦略❶【欲しがらないふりをせよ】のまとめ

★できるだけ「欲しがらないふり」をせよ!
★自分の限界値はできるだけ隠せ!
★相手の譲歩案にすぐに飛びつくな!

交渉決裂の恐怖に耐えよ

先に譲歩するな

交渉の当初は、当事者どうしが本音を隠して「偽りの限界値」を示し、たいてい双方の示す条件はかけ離れてしまいます。

このようなとき、交渉妥結をとくに望んでいない交渉の強者は、「じゃあ無理ですね。さようなら」と交渉の場から去るふりをします。一方、交渉妥結をより強く望む側は交渉決裂を恐れ、「ちょっと待ってください」と、自らの「偽りの限界値」を本音の限界値に少しだけ近づけた値を示すでしょう。交渉続行を「お願いする立場」ですから、当然、弱者となります。

しかし、どちらも本音では交渉成立を望んでいることも多いはずです。その場合にはどちらかが強者、弱者とはなりません。こんなときには、お互いに最初に示した「偽りの限界値」を、相手の希望に少し近づけた額（譲歩した額）に修正することが多くなります。

そのとき相手より先に譲歩すると、自ら「私は交渉成立を欲しがっています」、つまり「私は弱者です」と宣言するようなものです。譲歩したい気持ちをできるだけ抑え、「強者」であるふりを続ける必要があります。

交渉でのチキンレース

もしも「先に譲歩しないぞ」とお互いに決意していたら「チキンレース」が始まります。

チキン（chicken）とは、英語で「臆病者」という意味です。古い映画で恐縮ですが、たとえば伝説の青春スター、ジェームズ・ディーンが主演した映画『理由なき反抗』（一九五五年）にも有名なチキンレースのシーンがありました。ともに崖に向かって車を走らせ、車ごと崖から転落する恐怖に負けて先に車を止めたほうが「チキン」とみなされ、負けとなる危険なゲームです。

交渉の場でも、しばしばチキンレースが始まります。どちらが先に交渉決裂という恐怖に負け、譲歩してしまうかというゲームです。

もしもあなたが、このチキンレースで恐怖に負けて譲歩すると、とたんに弱者になってしまいます。そうなると強者になった相手は「弱者はさらに譲歩するだろう」と判断し、自らは譲歩せず、様子見の姿勢に入ってしまいます。こうしてあなたは、自分の本音の限界値付近まで、相手にどんどん踏み込まれてしまうのです。

下手なチキンレース

このようなチキンレースでの下手な対応と上手な対応を見てみましょう。

サラリーマンのあなたは給与がいま一つなので、副収入を得たいと思っていました。そんなときコンビニを経営している伯父から、平日の夜だけアルバイトとして働いてもらえないかという話がありました。渡りに船の話ですが、受けるか断るかは、もちろん時給しだいです。

親戚なので賃金には交渉の余地もありそうです。あなたの本音では、通常のアルバイトの賃金以上が望みで、時給一三〇〇円以下なら断るつもりです。

下手な交渉

あなた：伯父さん、それは助かります！　なにしろ安月給なもんで！

伯父：でも、うちも苦しいから、高給は払えないんだけどいいかな？

あなた：どのくらいいただけるんですか？

伯父：うん、一般のアルバイトよりは高くしてあげるけど、時給一〇〇〇円が限界なんだ。

あなた：（この時給額は「吹っかけ」だろうと思い、吹っかけ返す）わぁ、予想よりかなり低い

なぁ。会社の残業手当以上だろうと思ってたんです。それが無理でも、時給一八〇〇円は欲しいんですが、なんとかなりませんか？

【ここでチキンレースが始まる】

伯　父：う～ん（腕組みをして天井を見上げる）。

あなた：（伯父が「やっぱり無理だったかな」などと言い出すのではないかとあせり）無理なら、時給一三〇〇円でどうですか？

伯　父：（苦渋の表情を続ける）う～ん。

あなた：伯父さん、お願いしますよ。時給一三〇〇円で一所懸命働きますから。平日の夜間という話でしたが、必要なら土日も働きますから（深々と頭を下げてお願いする）。

伯　父：うん、分かったよ。うちも苦しいけど、じゃあ時給一三〇〇円で土日もお願いしよう。ただ一つお願いがあるんだ。夜勤でも時給は八〇〇円が相場なんだ。それなのにベテランでもない新人に一三〇〇円も払うのは異例中の異例だから、他のアルバイトには内緒にしてほしいんだ。約束してもらえるかな？

あなた：（時給一三〇〇円はよほどの金額なのだと喜んで）はい、分かりました。約束します。

このチキンレースの敗者は、もちろん、あなたです。崖（交渉決裂）に向かって走る車を先に止めたからです。しかし崖が近づいてくる恐さは、伯父さんだって同じように感じていたかもしれません。

それに、理由はともかく、高い時給を払ってでも身内に手助けしてもらいたいのだから、伯父さんはどうしてもあなたに手伝ってもらいたい、つまり交渉を決裂させたくないはずです。それなのにあなたは、こうした状況判断ができず、伯父さんがちょっと難色を示しただけで、すぐにでも交渉を打ち切られると思ってしまいました。もう少し車を走らせていれば、伯父さんのほうが先に車を止めたかもしれないのです。

チキンレースに負けたあなたは、時給一三〇〇円という自分の下限値まで伯父さんに踏み込まれ、さらに「土日も働く」という追加の譲歩までさせられてしまいました。

上手なチキンレース

こうした教訓を踏まえて、もう少しチキンレースの恐怖に耐えた交渉をしてみましょう。

上手な交渉

あなた：伯父さん、でも毎日、会社の仕事が終わるとクタクタだから、できるかどうか自信がありません。でも参考までに知りたいんですけど、アルバイトの時給って、どのくらいなんですか？

伯　父：うちも苦しいから高給は払えないんだよ。

あなた：（笑いながら）**言えないほど低賃金なんですね。じゃあ遠慮しときますよ。**

伯　父：ちょっと待って、もちろん、一般のアルバイトよりは高くしてあげるけど、時給一〇〇〇円が限界なんだ（本音の上限時給は一五〇〇円だが、吹っかけてみた）。

あなた：わぁ、予想よりかなり辛いなぁ。うちの会社の残業手当以上だろうと思ってたんです。それが無理でも、最低、時給一八〇〇円なら、って考えてたんですけど、開きが大きくて、とても無理ですね。（明るい表情で）**会社で残業してがんばりますよ。**

【ここでチキンレースが始まる】

伯　父：そう言うなよ。ちょっと待って（「苦しい」ことを演出するため、帳簿を開いて電卓でなにやら計算を始める）。

あなた：もう、いいですって。伯父さんに無理させて倒産なんてことになったら悪いですから。

伯　父：（苦渋の表情をしながら）う〜ん、いま計算してみたんだけど、月曜から金曜まで、夜九時から深夜一二時まで働いてもらうとして、う〜ん、時給一三七〇円が精一杯だよ（端数で「ギリギリ」の金額であることを演出している）。

あなた：（電卓での計算が演技であることは見抜けなかったが、伯父が交渉決裂を避けたがっている気持ちが強いことを確信する。つまり、伯父がチキンであることを見透かす。さらに自分が強者の位置を確保するために「交渉の場から立ち去るふり」をしても安全と判断する）伯父さん、本当にもういいですって。アルバイトの話に興味があるようなことを言った私も悪かったです。すみませんでした。そろそろ帰らないと……。

伯　父：分かった、分かった、あと三分だけ待って（また電卓計算の演技を再開する）。……じゃあ、時給一四八〇円でお願いできないかな？　もうこれが限界。頼むよ！　いまはそう簡単にいい人が採用できないんだ。身内なら信用できるし。お願いだよ。月曜から金曜まで毎日お願いするつもりだったけど、希望する日を一日休みにしてもいいから。

あなた：はい、そこまで言うんなら、伯父さんの頼みですし、断れないですよ。分かりました、じゃあ時給一四八〇円、週一でお休み、ということで。ありがとうございます。

今回はあなたの勝ちです。あなたは交渉当初から「毎日、クタクタだから、できるかどうか自信がない」と、「欲しがらないふり」をしていました。「下手な交渉」の冒頭での「伯父さん、それは助かります！」とは大きな違いです。

さらに、甥のあなたを高い時給でも雇いたいという伯父さんの苦しい状況を見極め、あなたから先に譲歩することもありませんでした。こうして、あなたはチキンレースに勝てました。

交渉では、どれだけ決裂の恐怖に耐えられるかが、大きなポイントになるのです。

チキンレースでの悪乗りは禁物

交渉でのチキンレースとは、相手から先に譲歩を引き出すため、本音では交渉決裂で終わることを恐れているにもかかわらず、虚勢を張り合うことでした。ときには「じゃあ、止めにしましょう」とか、「そろそろ帰ります」とか言いつつ、いまにも交渉を打ち切るようなポーズを取ることすらあります。

しかし、そのような「強者のふりをする」ことには、もちろん危険が伴います。崖に向かって走る車のアクセルをさらに踏み込むような危険です。実際に崖から転落するかもしれません。本音では交渉をまとめたいのに、交渉の場から立ち去るふりをすることで、本当に交渉が決裂してしまうかもしれません。

したがって、行きすぎたチキンレースを行うのは危険です。「虎穴に入らずんば虎子を得ず」の格言は、いつも安全策ばかりを取っていては大きな成果は得られない、という戒めです。しかし虎子を得たくて入った虎穴で、親虎に噛み殺されることもあるのです。

交渉のチキンレースでは、震え上がってすぐに譲歩するのは禁物です。しかしだからといって不必要に交渉決裂を宣言するような悪乗りも避けなくてはなりません。譲歩するにせよ交渉決裂宣言するにせよ、せっかちに動いたほうが負けです。冷静に相手の様子を観察しながら、チキンレースを勝ち抜きましょう。

交渉の基本戦略❷【交渉決裂の恐怖に耐えよ】のまとめ

★表面上の交渉決裂を鵜呑みにして、先に譲歩案を提案するな！
★チキンレースに耐え、相手に先に譲歩させよ！
★チキンレースで悪乗りするな！
★交渉が決裂したように見えても、しばらくは、静かに相手の様子を観察せよ！

交渉の基本戦略❸

正しい根拠で主張せよ

理詰めで主張せよ

交渉するに当たっては、あなたの主張を分かりやすく説明しなければならないのは当然です。

しかしそれだけでは不十分です。あなたの主張を聞いた相手が納得し、賛成してくれるよう説得する必要があります。相手を納得させる「説得力」は、交渉力の大きな要素です。

「説得力のある説明」でもっとも大切なのは「理詰め」であることです。では「理詰め」とはどのような意味なのでしょうか？

それは「A＝Bでしょ？　そしてB＝Cですよね？　間違いないですよね？　だったらA＝Cと言えるのではないですか？」のように、相手に有無を言わせず一つの結論に導くことです。

そして「A＝Bでしょ？」で始まる流れは、最初に根拠（A＝Bであり、B＝Cである）を示し、次にその根拠から導ける主張（A＝C）を示しています。つまり、「根拠」に基づいて「主張」しているのです。

「有無を言わせず」とは「反論できないように」という意味です。そのためには、あなたの主張を支える証明力のある「根拠」を持たなくてはなりません。それが説得力の根源です。

つまり説得力とは、証明力のある根拠を準備する能力です。逆に、説得力のない主張をする人は、証明力のない根拠を準備してしまう人なのです。

根拠に論理性がない主張

次の例では、あなたは、奥さんといっしょにレストランを経営しています。時代の流れから、あなたはお店の全面禁煙を検討しています。しかし奥さんは、喫煙者の客が減ることを心配して、当面は反対だと言います。さて、あなたは奥さんを説得できるでしょうか？　第2章で述べたように、この夫婦間の「意見対立を解消するための話し合い」も、交渉の一形態です。

下手な交渉

奥さん：「時代だから」なんてあいまいな理由で、お客さんが減ったらどうすんの？　いまの分煙のままでいいじゃない！

あなた：分煙っていっても、いまの店では形だけだろ。喫煙席に排気のファンがあるわけじゃないし、禁煙席にも煙が流れてきてるよ。それに喫煙者でも食事のときは空気がきれいなところで食べたいって人だっているそうだよ。

奥さん：喫煙者の何％くらいの人がそう言ってるの？

あなた：（データがあるわけではないので答えられない）それは……。

奥さん：喫煙者には、食事の直後の一服が至福の時なのよ。

あなた：（先ほどの仕返しで）喫煙者の何％くらいの人がそう言ってるの？

奥さん：食後の一服がいちばんおいしいなんて常識じゃない！

あなた：その食後の一服の煙が不快なお客さんだっているんだぞ。

奥さん：……結局、完全禁煙した場合、喜ぶお客さんと不満に思うお客さんのどちらが多いかって問題ね。喜ぶお客さんのほうが多いんだったら、私も全面禁煙に賛成だわ。あなたが、禁煙を喜ぶお客さんのほうが多いと思う根拠はなに？

あなた：毎日のようにテレビや新聞で全面禁煙に賛成する人の意見が紹介されてるじゃないか。

奥さん：バカねぇ。マスコミである意見が頻繁に紹介されるのは、報道する価値が高いからよ。少数意見だから「おもしろい！」って取り上げてるかもよ。絶滅危惧種の生物が報道されるみたいにさ。頻繁に報道される意見が、必ずしも多数派の意見とは限らないわよ！

あなた：なるほどね（奥さんのよどみない反論に妙に感心してしまう）。

奥さんも全面禁煙に絶対反対というわけではなく、多数派の意見に合わせて決めたいと言っています。全面禁煙を望む人が多数派であることを証明する「根拠」をあなたに問いました。そこであなたは奥さんに、「頻繁な報道」を挙げました。

しかし、あなたが選んだその根拠は、あなたの主張を支えられませんでした。証明力のない根拠だったので、聡明な奥さんに、即座に反論されてしまったのです。

根拠に論理性がある主張

あなたは、もっと証明力のある根拠を奥さんに示すべきでした。たとえば次のように……。

上手な交渉

奥さん：……結局、完全禁煙した場合、喜ぶお客さんと不満に思うお客さんのどっちが多いかって問題ね。喜ぶお客さんのほうが多いんだったら、私も全面禁煙に賛成だわ。

あなた：最近の世論調査を見てごらん。それなりに信頼できるＮＨＫや○○新聞の世論調査でも、飲食店の全面禁煙を望む人のほうが多いぞ。ほら、これは先月切り抜いておいた記事だけど、賛成者は六八％だよ。喫煙者と非喫煙者の回答を分けた集計もある。全面禁煙に関して、喫煙者の五五％が賛成、非喫煙者の八五％が賛成だって。

奥さん：へぇ、そうなの。

あなた：それに、喫煙者でも「食事のときは空気がきれいなところで食べたい」って人が五五％なんだって。

奥さん：ふ〜ん、分かったわ。じゃあさ、基本的には全面禁煙を目指すってことでいいわ。でも全国を対象とした世論調査と、うちへ来るお客さんの意見とは違うかもしれないから、三ヵ月間だけ、うちのお客さんに全面禁煙に反対か賛成かのアンケートを取りましょうよ。最終的にはそれで決めない？

あなた：ああ、いいよ。合理的な考えかただと思うよ。収入が減っても困るしね。

　この「上手な交渉」では、あなたは世論調査という証明力のある根拠を示しました。奥さんはその理論的正しさを認め、全面禁煙の方向で同意しました。店内アンケートの結果しだいで、三ヵ月後には、あなたのお店も晴れて全面禁煙となるかもしれません。

ただし、いまの「下手な交渉」「上手な交渉」では、あなたの立場からの「下手・上手」を評価しています。逆に奥さんの立場から評価すれば、「下手な交渉」での奥さんは「上手な交渉」をしたことになります。奥さんは、あなたが示した「頻繁な報道」という弱い根拠を攻めて、みごとに突き崩しているからです。

建物でなく土台を攻めよ

自分の主張を相手に認めさせたい場合は、先ほどの「上手な交渉」からも分かるように、自分の主張が正しいことを支えてくれる「証明力のある強い根拠」を準備することです。

逆に、相手の主張を否定したい場合を考えてみましょう。

相手は、自分の主張が正しいことを示す根拠を挙げているはずです。あなたは、その根拠を攻めてください。先ほどの「下手な交渉」でも、奥さんは、あなたが示した「頻繁な報道」という根拠に対して、「少数意見だから頻繁に取り上げられてるのかもしれない」と指摘しています。

このように相手の主張を突き崩したい場合は、その「主張」自体ではなく、その主張の土台となっている「根拠」の非論理性を攻めるのです。支えていた土台（根拠）を崩された建物（主張）は、もろくも崩れ落ちるでしょう。

相手を過剰に追い詰めない

ただし交渉での説得力は、こうした論理力がすべてではありません。交渉相手の考えを変えるのは、論理よりも感情である場合がほとんどだからです。屈服させられることは気分がいいものではありません。相手の感情を害せば、論理的には勝っても、かえって交渉の妥結がむずかしくなることもあるでしょう。

ですから交渉の場での説得は、相手の完全屈服を目指すべきではありません。「なるほど、それも一理あるな」と思わせれば十分なのです。

先ほどの「上手な交渉」でも、奥さんは「全国的調査としては、その世論調査結果は一理あるわね。でもうちのレストランのお客さんも同じかどうかは不明だけど」という、依然としてややあいまいな心理でした。しかしこれで十分なのです。

論理だけで相手を追い込みすぎると、「窮鼠猫を噛む」のように、感情的に猛反発されることがあるので注意が必要です。

交渉の基本戦略❸【正しい根拠で主張せよ】のまとめ

★証明力の強い根拠で主張せよ！
★質問して相手の主張の根拠を探れ！
★相手の「弱い根拠」を突き崩せ！
★相手を過剰に追い詰めるな！

交渉の基本戦略❹

相手の期待値を下げよ

評価を決める基準

第2章で述べたように、裁判では裁判官という中立の第三者が争いに決着をつけてくれます。そのため裁判では、交渉当事者のどちらかが、とうてい納得しがたい結果になることもあります。これに対して直接交渉では、双方が「これでいいかな」と納得することが妥結の絶対条件です。

したがって直接交渉では、自己利益の最大化を目指すと同時に、相手の満足度にも配慮せざるをえません。相手の不満を、できるだけ解消または緩和することが必要になります。

ところが満足感や不満感というのは、実利面の大小だけでなく、それ以外の心理的要素にも大きく左右されます。たとえばレストランでのお客さんの満足度を考えてみましょう。

お客さんの満足度を上げるいちばんの要因はサービスレベルです。料理のおいしさは当然のこと、値段、接客マナー、店内の清潔感や美しさなどの要因がお客さんの満足度を左右します。

しかしこれらの要因とはまったく違う要因があります。それは「期待値」との比較で、それによって、お客さんの満足度は大きく変わります。

評判のレストランの味

期待値とは「これくらいのことはしてもらえるだろう」とか「これぐらいの成果があるだろう」という期待感の程度です。あらかじめ持っていた期待値と実際のレベルとの差も、私たちの満足度に大きな影響を与えるのです。

たとえばあるレストランに行こうとしたら、友人が「あそこのレストラン、めちゃくちゃまずいぞ！　高級そうな雰囲気だけで、味は最低。もう二度と行かない！」と言ったとします。そこで恐る恐る食べてみたら、まずいというほどでもなく普通の味でした。

するとそのレストランに対してあなたは、おそらく「なんだ、おいしいじゃないか!」と高めに評価するでしょう。

しかし同じレストランでも、逆に、友人が「あそこのレストラン、最高! 庶民向けの値段なのに、味はなにを食べても感激! 僕なんて週に一度は行ってるよ」と言うので、「さぞかしおいしいだろう」と期待して行ったとします。

この場合は、同じく普通程度の味でも「なんだ、それほどでもないじゃないか!」と低めの評価が下されるでしょう。

このように、満足度は事前の期待の程度（期待値）に大きく左右される面があるのです。

小遣いをめぐる交渉

そこで交渉に当たっては、妥結条件に対する相手の期待値を意図的に下げておくことが有力な手段になります。そうすれば同じ妥結条件でも、相手に受け入れてもらえる確率が高まります。

ちょっと例を挙げてみましょう。

あなたはずっと専業主婦でした。ところが長引く不況のせいで夫の給料はなかなか上がらず、残業もかなり減っています。二人の子供の学費も膨らんできて生活は苦しくなっています。そのため、あなたは近所のスーパーでパートの仕事を始めました。

そんなとき、夫が小遣いが少ないと不満をぶつけてきました。

あなたの本音では、むしろ夫の小遣いを減額したいところです。しかし夫の苦労も察せられるし、パートの収入分が増えたので、場合によっては五〇〇〇円くらいまでなら増やしてあげてもいいかなぁとも考えていました。そこで夫との交渉が始まります。

下手な交渉

夫　：僕の小遣い、もうちょっと上げてくれないかなぁ。同僚と一回飲みに行っただけで、その後一〇日間は、昼飯代は毎日三〇〇円だよ。

あなた：この不景気に、先月なんて三回も飲みに行ったじゃない！　飲みすぎよ！

夫　：君も会社勤めの経験があるから分かると思うけど、楽しみだけが目的で飲んでるわけじゃないよ。職場での大事なコミュニケーション手段なんだ。重要な情報も摑めるし。

あなた：分かってるわよ。私もパートを始めたし、少しくらいなら……。

夫　：ありがとう。本音は二万円くらい不足してるけど、一万五〇〇〇円でいいから頼むよ！

あなた：そんなにたくさん、冗談じゃないわ！　四月から子供たちが塾に行くことも知ってるでしょ！　あなたの飲み代を稼ぐためにパートやってるわけじゃないわよ！

夫　：じゃあ一万円では？

あなた：無理、無理！　むしろ二〇〇〇円で我慢してほしいくらいよ。

夫　：せめて八〇〇〇円。

あなた：五〇〇〇円が限界ね。

夫　：……じゃあ、五〇〇〇円との中を取って六五〇〇円の増額だね。

あなた：え～、そんなぁ！　絶対、五〇〇〇円にして！

夫　：無理、無理！　六五〇〇円！

この交渉結果の六五〇〇円増額は、あなたの許容限度を超えています。なぜそんな結果になったのかといえば、あなたが、本来は吹っかけるべき提示金額を、許容限度いっぱいの五〇〇〇円としてしまったからです。夫の期待値がその金額にセットされてしまったのです。

期待値を下げるトーク

この交渉では、夫の期待値を下げられれば、もっと低い金額で夫は満足したかもしれません。
たとえば次のように交渉したらどうでしょうか。

上手な交渉

夫　：僕の小遣い、もうちょっと上げてくれないかなぁ。同僚と一回飲みに行っただけで、その後一〇日間は、昼飯代は毎日三〇〇円だよ。

あなた：ちょうど私も、あなたのお小遣いのことで相談したいと思ってたの。悪いけど、来月からお小遣い減らさせてちょうだい。大いに不満だと思うけど、私もお昼は残り物で済ますとかで節約してるわ。でも四月から子供たちの塾の支払いが増えたことは知ってるわよね。それから、私がパートを始めたスーパーで、お惣菜とかを従業員価格で安く買えるの。だから来月からあなたのお弁当を作るわ。その分、昼食代が浮くでしょ？　あと、あなたには禁煙してほしいの。やっぱり体のことが心配だし。意志が弱くても、タバコ代がなくなれば、禁煙せざるをえないでしょ？　そうやって、できれば一万円減額させてもらえれば嬉しいんだけど。

夫　：おい、おい、おい、おい！

あなた：一万円減額でいい？

夫　：なに言ってんだよ！　それじゃあ、僕は家に給与を運ぶだけの働き蜂じゃないか！

あなた：……やっぱり一万円減額は辛いかしら。じゃあ、せめて五〇〇〇円減額で協力して。

夫　：そんなに減らされたら同僚とまったく飲めなくなるよ。君だって会社勤めの経験があるから分かると思うけど、楽しみだけが目的で飲んでるわけじゃないんだ。職場での大事なコミュニケーション手段なんだ。重要な情報も摑めるし。

あなた：（相当苦しい、という表情で沈黙する）

夫　：まったく飲み会に付き合わなくなったら、職場で孤立しちゃうよぉ。

あなた：そうよねぇ、やっぱりお小遣いを減らしてもらうのは諦めるわ。あなたにこれ以上、辛い思いはさせたくないし……。

夫　：ありがとう。（言い出しにくくなったが）……で、でも、できたら逆に五〇〇〇円上げてもらえないかな？

あなた：え〜〜〜っ!?

夫　：（沈黙しているしかない）

あなた：なに言ってるのよ！　むしろ減らしてほしいときに！　……でも、しょうがないわね。

じゃあ五〇〇〇円は絶対無理だから、二〇〇〇円で我慢してちょうだい。でも家族のためだから、禁煙だけは真剣に考えてね。

夫　：分かったよ。ありがとう。

今度はうまく交渉を妥結できました。その決め手はなんだったのか、「下手な交渉」と比べて考えてみましょう。

期待値を下げてからの交渉

先の「下手な交渉」では、夫の内心で「この程度だろう」と予想した金額（期待値）は、あなたがうかつに漏らした「五〇〇〇円増額」でした。そんな状況で、あなたは「二〇〇〇円増額」を提案したのです。しかし夫にとっては、自分の期待値の五〇〇〇円増額と、あなたの提案の二〇〇〇円増額を比べて、「マイナス三〇〇〇円」もの不満です。

これに対して「上手な交渉」では、あなたは「一万円減額」と「吹っかけ」ました。さらに金額以外にも弁当や禁煙の話など、小遣い減額の根拠を挙げて夫を追い込みました。こうして弱気にさせて、夫の期待値を「五〇〇〇円減額」にまで下げることに成功したのです。

そうなると、たとえ二〇〇〇〇円の増額でも、マイナス五〇〇〇〇円という夫の期待値から見れば七〇〇〇〇円もの増額で、それなりの満足を感じる金額になります。
このように戦略的に交渉相手の期待値をあらかじめ下げておくことで、同じ妥結結果でも相手の不満が和らぐように工夫しましょう。

交渉の基本戦略❹【相手の期待値を下げよ】のまとめ

★交渉冒頭で相手の期待値を突き崩せ！
★自分の要求の根拠を示せ！
★相手の要求を拒否する根拠を示せ！

交渉の基本戦略❺

巧みに吹っかけよ

「吹っかけ」の目的

前述の基本戦略④の上手な小遣い交渉では、あなたは夫に、最初に「吹っかけ」た減額を申し出ました。「吹っかけ」というのは少し語弊がある言葉かもしれませんが、交渉の基本戦略なので、ここで改めて取り上げます。

交渉での「吹っかけ」には二つの目的があります。

まず、前述の基本戦略④で紹介したように「相手の期待値を下げる」ためです。「交渉の落とし所は相当な悪条件になるだろうなぁ」と、相手に覚悟させることです。その結果「まあ、このくらいでいいか」と相手が感じる基準を、あなたに有利な方向へ近づけることが狙いです。

「吹っかけ」のもう一つの目的は、隠されている相手の本音の限界値に迫るためです。

たとえば、あなたは骨董屋で気に入った壺をみつけました。二五万円以下なら買ってもいいと思いました。そこで店主に値段交渉をしてみます。

このとき店主の本音が、たとえば「一七万円以上なら売ってもいい」のなら、お互いの許容範囲が重なりますから、値段交渉はまとまるはずです。この交渉で奪い合う「パイの大きさ」は八万円で、そのうちのどれだけを取れるかが、交渉力の差と考えてもよいでしょう。

もちろん、お互いに自分の許容範囲を隠したままで交渉が進みます。そこで、通常は「吹っかけ」が始まります。この場合の「吹っかけ」は、相手の腹に隠されている本音の限界値を映し出す病院のエコー診断装置のようなものでしょう。

真っ正直な交渉

まず、あなたが真っ正直に、「吹っかけ」を使わないで交渉した場合から見てみましょう。

下手な交渉

あなた：（真っ正直に妥当と思う額を言う）二〇万円ではどうでしょう？

店　主：（自分の許容範囲である「一七万円以上」を最初から示してきたので、内心、ニンマリしてしまうが、もちろん、ポーカーフェイスで沈黙を続ける）

あなた：（沈黙を不満のサインと早合点して）じゃあ、いくらくらいをお考えですか？（この時点で二〇万円以上でも払う意思があることを知られてしまう）

店　主：いやぁ、じつは三〇万円以上の品かと思ってますから、二〇万円というお話に驚いてしまって。でもこの壺は、大切にしてくださる方に所蔵してもらいたいのも本音です（三〇万円は「吹っかけ」。しかし、客の許容範囲を超えているだろうと予測できるので、早まって交渉決裂しないよう「三〇万円以下でも売る」という意思も匂わせている）。

あなた：（自分の示した二〇万円と相手の言う三〇万円の中間の二五万円くらいが妥当なのかと考える。しかし二五万円は自分の上限値なので、それよりは抑えたい）ではそこをなんとか二三万円でお願いできないでしょうか？

店　主：辛いなぁ。二七万円ではご無理でしょうか？

あなた：じゃあ、これが限界です。二五万円でお願いします。二五万円が無理なら帰ります（正直に限界値を伝えている）。

店　主：分かりました、じゃあ二五万円でお譲りしましょう。

あなたは真っ正直な交渉で、八万円のパイすべてを店主に奪われてしまいました。

あなたは交渉の冒頭で「二〇万円なら買う」という情報を店主に与えてしまっています。さらに店主から見れば、買い主のあなたが最初から上限値を言うはずがないと察せられるので、「二〇万円以上でも買うだろう」という情報まで同時に手にしました。

一方、あなたは「一七万円以上なら売る」という売り主の下限値を知る機会を失っています。これでは妥結額は二〇万円以上にならざるをえません。

さらにあなたは、店主の言い値を正直に受け止めて「二五万円くらいが妥当なのかな」と、自ら大幅に譲歩してしまっています。こうして、あなたの交渉力は大幅に低下してしまいました。

上手な「吹っかけ」をした交渉

ではこの場合、どのように交渉すればよかったのでしょうか。あなたが上手な「吹っかけ」をした交渉の成り行きを追ってみましょう。

上手な交渉

あなた：（店主の許容範囲を外しているに違いないと承知のうえで吹っかけた金額を言う）五万円ではどうでしょう？

店　主：お帰りください（憮然とした表情をするが「吹っかけ」は交渉の常だから内心は平静）。

あなた：じゃあ、いくらだったら？

店　主：五〇万円ならすぐにお譲りしますが、いくらならお買いになりますか？（「吹っかけ」のお返しで、本音の数字は簡単には明かさない）

あなた：八万円くらいなら……。

店　主：冷やかしならお帰りください。

あなた：冷やかしなんかじゃありませんよ。妻が許してくれそうな金額しか出せないんですよ（まったくの作り話で八万円が自分の限界値に近いという印象を与えようとしている）。

店　主：お客様の奥さんがどう思われようと私には関係ございません。本当にお帰りください（八万円では自分の許容範囲から遠いという印象を与えようとしている）。

あなた：じゃあ一二万円でお願いしますよ。でも妻にばれたら殺されちゃいます。

店　主：仕入額より安く売ったら、私が家内に殺されてしまいますよ。一二五万円以下では無理ですから、もうお帰りください。

あなた：そうですかぁ。諦めるしかないかぁ（帰りそうな素振りを見せる）。

店　主：そろそろ本音の話をいたしましょうよ。いくらまでならお出しになれるんですか？

あなた：一括払いでは一五万円が限界です。それ以上は分割払いにしてもらいます。

店　主：それでは分割払い、二〇万円でどうでしょう？

あなた：なんとか一八万円で（体を直角に折って頭を深々と下げる）。

店　主：分かりました。では一八万円でお譲りしましょう。

こちらの交渉では、あなたが八万円のパイのうち七万円も取れました。そのいちばんの要因は、冒頭で吹っかけたことで、あなたの限界値から遠いところで価格交渉ができたことです。もちろん冒頭で吹っかけることは交渉の常套手段なので、当然、相手にも見透かされています。それでも「下手な交渉」と比較すれば、吹っかけることがいかに重要であるかが分かるでしょう。

相手陣内でプレイせよ

交渉冒頭での「吹っかけ」は、確実に相手の許容範囲を外すことが必須条件です。そうすれば、交渉はあなたが吹っかけた条件から、相手の限界値へという方向で進めることができます。

サッカーに喩えれば、相手の限界値は相手陣内の奥深いエリアでしょう。「吹っかけ」は、その奥深いエリアにボールを蹴り込むプレイです。「攻撃は最大の防御なり」の教えのとおり、「吹っかけ」で相手陣内の奥深くに攻め込むことにより、逆に自分側のゴールは安全になります。

さらに、相手に「本気で言っている」と思わせるのが理想的な「吹っかけ」です。見透かされてしまっては、「吹っかけ」としての機能を十分に発揮できません。その意味で、第1章で挙げた「交渉下手な性格」の「お人好し」といわれる人が吹っかけるのは、より効果的でしょう。お人好しの発言は、吹っかけなどではなく、本音だと相手に解釈されやすいからです。

狭いエリアを目指せ

ただし、ここで忘れてはならないことがあります。「吹っかけ」は、相手の限界値からあまりにかけ離れた金額や条件では簡単に見透かされます。ですから、相手の限界値から少しだけ離れた金額や条件にするのがコツです。

つまり交渉で上手に吹っかけるには、次の二つの条件を守ることです。

条件① 相手に「吹っかけ」であることを見透かされないこと
条件② 相手の許容範囲を外すこと

先ほどの骨董の値段交渉でいえば、あなたは①を守るには金額を高めに、②を守るには、逆に金額を低めに言う必要があります。

この①と②の間の狭い範囲で吹っかけるのが、交渉の原則です。

交渉の基本戦略❺【巧みに吹っかけよ】のまとめ

★「吹っかけ」に対する反応で相手の限界値を探れ！
★「吹っかけ」は相手の許容範囲を確実に外せ！
★相手に見透かされる法外な「吹っかけ」をするな！

交渉の基本戦略❻

効果的に脅せ

太陽型交渉と北風型交渉

『北風と太陽』という有名な寓話があります。北風と太陽が、どちらが旅人のコートを脱がせることができるかを競う話です。

まず北風が、コートを吹き飛ばそうと旅人に激しく吹きつけると、旅人はかえってコートのボタンをしっかりかけてしまいます。ところが、次に太陽がやさしく暖かな光を注ぐと、旅人は自らコートを脱いでしまいます。「人には辛く当たるよりもやさしく接するほうが心を開いてくれる」というわけです。

後述しますが、相手とのパートナー関係をより重視して、相手に共感を示しながら友好的に交渉を進めることで成果を得る場合があります。こうした交渉方法を「太陽型交渉術」と呼びましょう。しかし太陽型交渉術も、あくまで交渉術の一タイプにすぎません。

たとえば、あなたが友好的な態度を見せれば、相手も必ず軟化してくるとは限りません。世の中には、あなたが低姿勢に出ると、逆に付け上がってくるタイプの人もいます。あなたから奪えるだけ奪いつくそう、という人もきっといるでしょう。そのような人との交渉では、握手の技術だけでなく、殴り合う技術も重要であることは言うまでもありません。

この殴り合いを「北風型交渉術」と呼びましょう。寓話での北風は成果を挙げられませんでしたが、交渉では北風も有力な手段です。

では、実際の交渉では、太陽型交渉術と北風型交渉術のどちらで臨めばいいのでしょうか？たとえば交渉に入る前に、相手がどちらの交渉術でくるのかを見極めるのでしょうか？　いいえ、すべての交渉は、まず太陽型交渉術で臨むべきです。そして、交渉の過程で相手があまりに強欲であざといタイプだと分かったら、その時点で、北風型交渉術に切り換えていくのです。

「脅し」のカードと「譲歩」のカード

外交などでしばしば使われる表現で、「交渉のカードを切る」などと言います。お互いが自分の持っているカードをちらつかせながら交換するゲームが、交渉というわけです。

古今東西、人を動かすのはアメとムチです。交渉のカードで喩えるなら、アメは「譲歩」というカードで、ムチは「脅し」というカードです。「譲歩」は相手に満足を与えることで妥結を促します。これに対して「脅し」は、妥結しない場合の相手の損失を説明して妥結を促します。

ただし二種類のカードは太陽型、北風型どちらの交渉術でも使われます。太陽型交渉術でも「脅し」カードをまったく使わないわけではありません。北風型交渉術でも「譲歩」のカードは使います。単に、「譲歩」のカード優位で進めるのが太陽型交渉術であり、「脅し」のカード優位で進めるのが北風型交渉術である、という程度の違いです。

この「脅し」とは、相手に「小さな痛み」と「大きな痛み」の二枚のカードを見せて選択を強いることです。

「脅し」と聞くと、ヤクザなど反社会的な人々による恐喝、恫喝などを、まず思い浮かべるでしょう。もちろん本書の言う「脅し」とは、そうした犯罪行為とは無縁です。「相手の不利益を説明してあげる」という程度の意味です。

たとえばヘビースモーカーの夫の健康を心配する妻が、「そんな調子でタバコを続けてると、絶対、肺ガンになるわよ」と言います。「禁煙しなさい」という勧告を無視し続けるなら「肺ガンになる」という不利益を被りますよ、と説明、つまり脅しているのです。

すなわち妻は「禁煙」という小さな痛みのカードと、「肺ガン」という大きな痛みのカードを夫に見せて、「禁煙」カードを取ることを迫っているわけです。

交渉での「脅し」も同じようなものです。あなたの要求を相手が嫌がるのは、その要求が相手にとって「痛み」だからです。そこで、相手がその要求を飲まない場合は、それより「大きな痛み」が振りかかることを伝えるのが「脅し」です。

親に仕送りの増額を交渉する

次の例でのあなたは、親元を離れ東京で独り暮らししている女子大生です。親からの仕送りと、家庭教師のアルバイトで暮らしています。ところが東京での生活は、田舎暮らしに比べると、かなり出費がかさみます。もちろん節約を心がけているのですが、このところ生活が苦しくなっています。

そこで家庭教師以外に、コンビニのアルバイトにも応募しようかと考えました。しかし勉強時間のことを考えると、家庭教師以外にもバイトをするのは無理なようです。お金を稼ぐために留年でもしたら、それこそ授業料のムダ遣いで、逆にお金を失うことにもなりかねません。

ここは親に泣きつく他ないと自宅へ電話しました。電話に出たのは父親でした。

下手な交渉

父　親：久しぶりの電話じゃないか！　元気にしてるか？　勉強の調子はどうだい？

あなた：うん、全部の授業がおもしろいわけじゃないけど、ここを選んでよかったわ。大学の語学力強化の方針が徹底していて、授業についてくのはたいへんだけど、おかげで鍛えられてるって実感してる。卒業するときには、ずいぶん語学力が身につきそう。

父　親：それは、よかったじゃないか。

あなた：ところでさぁ、仕送りなんだけど。

父　親：(すぐに、増やしてほしいのだろうと察し、とっさにおどける) 多すぎるのか？　多すぎるなら余った分を貯めて、パパになにかプレゼントしてくれよ。

あなた：ははは、じゃあハワイ旅行でもプレゼントしよっかぁ。……じゃなくて、私のほうがプ

レゼントしてほしいの。仕送り増額のプレゼント。
父　親：なに言ってんだよ、最初の年から！
あなた：だって、外に出るときにも、あんまりみすぼらしい格好もできないし、東京はなにかとお金がかかるのよ。
父　親：遊ぶために大学に行ってるわけじゃないだろ！
あなた：それは分かってるわよ。（実際は三万円の増額でいいが、最初は「吹っかけ」て）でも、ごめん、もう五万円だけ増やしてもらうのは無理？
父　親：「五万円だけ」って、五万円稼ぐのがどれほどたいへんなことか分かってるのか？
あなた：じゃあ三万円でいいから。
父　親：おまえは小さなころから浪費家だったからなぁ。いまでもムダ遣いが多いんじゃないのか？　もう少し節約してみろ。パパも精一杯の金額は送ってるんだ。暮らせないはずない！　もうちょっとがんばってみて、それでもだめなら、また相談に乗るから。
あなた：やっぱりだめかぁ……。

こうして、あなたは父親との交渉に失敗しました。なによりも、遊ぶ金が必要のような印象を与えてしまったことが大きなミスでしょう。勉強のためであることと、家庭教師のアルバイトでがんばっていることを、もっと強調すべきでした。

効果的に脅した交渉

さらに、そこにちょっとした「脅し」を添えてもよかったかもしれません。たとえば次のように……。

上手な交渉

あなた：ははは、じゃあハワイ旅行でもプレゼントしよっかぁ。……じゃなくて、私のほうがプレゼントしてほしいの。仕送り増額のプレゼント。

父　親：なに言ってんだよ、最初の年から！

あなた：ごめんね。私も親には頼るまいとがんばってはいるの。でも高い参考書とかが予想外に多いのよ。私が家庭教師やってるの知ってるでしょ？　それをもう一人教えて、いま、週四日やってるの。おかげで時間に追われて勉強にも支障が出ていて、このままだと最悪、留年しちゃうかもしれない。

父　親：いまでも東京の私大生への仕送りの平均額は送ってるんだ。暮らせないはずない！

あなた：……家庭教師の他に高いバイトはないのか？

あなた：睡眠時間を削って、深夜のコンビニのバイトもしようかと考えてるわ。でも仕事が終わるのが真夜中で、深夜に駅からアパートまで一人で歩いて帰るのが怖いの。だから、コンビニに電話して勤務条件とかは聞いたけど、まだ正式に応募はしてないの。明日、また電話するって約束したんだけど……。

父　親：（慌てて）深夜勤務なんて止めとけ！

あなた：でもこのままだと単位を落としちゃいそうだし。家庭教師だけじゃお金足りないし。

父　親：……で、いくら増やしてほしいんだ？

あなた：ほんとは、もう五万円あれば安心だけど、たとえ三万円でもすっごく助かるわ。そうしたら家庭教師の生徒を一人に減らせて、勉強時間がもっと取れると思う。

父　親：分かった。じゃあ、パパも苦しいけど来月から三万円増やしてあげるよ。

あなた：ありがとう〜！

「上手な交渉」では、まず「遊ぶお金」を連想させるような言葉はいっさい避けました。

また父親が助けてくれない場合の「脅し」を加えました。留年の可能性とコンビニの深夜勤務です。これが本当の話か作り話かはともかく、「深夜に一人で歩いて帰宅する」とか「明日、また電話します、って約束したんだけど」という話です。案の定、父親は「増額を約束しないと娘が危ない」という気持ちになりました。

つまり「これ以上アルバイトさせたら、勉強時間がなくなって留年しかねない」「アルバイトの帰りが深夜になって危ない」など、「大きな痛み」をちらつかせることで、仕送りの増額が「小さな痛み」だと父親に感じさせることに成功したのです。

「脅し」で気をつけること

ただし、こうした「脅し」がいつも効果を発揮するとは限りません。一般的に交渉で脅しを使う場合のデメリットもあるので、次の五つに注意しましょう。

注意点① 脅しに相手が反発し、さらに大きな脅しで報復されることがある
注意点② 脅しを繰り返すと、相手に恨みや復讐心を残すことがある

注意点③　脅しがハッタリだと見透かされれば、主張全般の信憑性を疑われてしまう
注意点④　脅しを使った時点で、相手との信頼関係が終わることがある
注意点⑤　脅しがすぎれば、脅迫や恐喝など、法に触れてしまうことがある

以上のように「脅し」は両刃の剣で、あなたもケガをする危険があります。「脅し」は目先の利益をもたらすかもしれませんが、良好な人間関係を終わらせてしまう可能性もあります。長いお付き合いをする間柄では、「脅し」の内容と程度は慎重に考えましょう。

交渉の基本戦略❻【効果的に脅せ】のまとめ

★交渉決裂による相手側の損失を相手に説明せよ！
★相手に見透かされるような脅しのハッタリは避けよ！
★相手に恨みを残すような脅しは避けよ！
★脅す前に、相手からの報復の脅しの可能性を検討せよ！

交渉の基本戦略⑦

相手をあせらせよ

交渉には「期限」がある

何度も繰り返していますが、交渉を妥結したいと望む人は「弱者」であり、妥結しなくても困らないと思う人は「強者」です。強者は「現状のままでいい」という人であり、それに対して弱者は「現状に変化を起こしたい」人です。

現状に変化を起こすためには努力が必要です。さらに、変化を起こすのにはたいてい期限があります。一般に交渉の期限が、弱者をさらに弱い立場に追いやっています。

たとえば、あなたが借りているアパートの大家さんが、ある事情で三ヵ月以内に立ち退いてもらいたいと申し入れてきたとします。

この交渉の場では、三ヵ月という期限に縛られる大家さんは「弱者」に、立ち退く気のない居住者のあなたが「強者」になります。借地借家法によって、居住者自身に立ち退く気がない限り、家主は居住者を突然、立ち退かせることはできないからです。

交渉の強者のあなたは、当然、できるだけよい条件で立ち退きたいと思います。そのために有力なのが「あせらせる」テクニックです。あなたが、いっこうに立ち退く素振りを見せなければ、大家さんはあせります。大家さんがあせればあせるほど、交渉はあなたにとってより有利な条件で妥結できる可能性が高くなります。

大家さんの立場は、喩えるなら、大きな滝に向かって流れる川に浮かぶボートに乗っているようなものです。

ボートはどんどん恐ろしい滝に近づいていきます。そんな状況では、あなたが自分に有利な交渉妥結の条件を示すことも容易です。ちょうど、ヘリコプターで「条件」というロープを小舟の上に垂らすようなものです。小舟もろとも滝壺に落ちたくなかったら、どんなロープ（条件）であろうと、それに摑まって小舟から脱出したくなるでしょう。

まだ滝まで距離がある間は、大家さんもあせらず「そんな条件の悪いロープには摑まれません」と言えます。しかし滝の轟音が聞こえるくらいに近づいてくれば、そんな選り好みを言っている余裕はなくなります。かなりの悪条件の譲歩を要求されても、あせってそのロープを摑まざるをえないのです。

あせらせるテクニック

期限に迫られているのは、たいていは交渉妥結を望む弱者のほうです。大家さんは三ヵ月後という期限に迫られているために、交渉の弱者にならざるをえなかったのです。

しかし逆に、交渉の弱者が強者に対抗する手段として、期限を示すテクニックもあります。

たとえば「キャンペーン中」などと期間限定の割引を宣伝するのがその一例です。商品を買ってほしい、したがって交渉の弱者であるはずの企業が、必ずしも商品を買う義務のない強者である消費者に対し、期限を設けることで対抗しているわけです。

先ほどの立ち退き交渉でも、たとえば、大家さんがあなたに支払う補償料を、早く立ち退いてくれるほど高く、遅くなるほど低額しか支払わないと言ったらどうでしょうか？　そうなると、今度は高い補償料が欲しいあなたがあせって、補償料以外の条件では安易に妥協してしまうかもしれません。

期限の前後でどう状況が変化するかの観点から、期限も二つに分けられます。一つは期日後では交渉決裂が確定する期限です。もう一つは、期日後では相手が不利な条件を選択せざるをえないような期限です。

もちろん、相手を「あせらせる」効果がより大きいのは、期日後、交渉決裂が確定する場合です。だんだん立ち退き補償料が減っていくあなたより、期日までに立ち退いてもらわないと本当に困る大家さんのほうが、相対的に交渉の「弱者」であることに変わりありません。

不要品の回収交渉

次の例では、あなたは使わなくなったパソコン、電子ピアノ、乗馬型健康器具などをまとめて処分したいと思っています。ちょうど自宅のポストに「中古品買い取り・無料見積もり致します」というリサイクル業者のチラシが入っていたので、さっそく電話して来てもらいました。

あなたはできるだけ高く買い取ってもらいたいと思っています。業者は、当然、できるだけ安く買い取りたいはずです。そこで交渉が始まります。

下手な交渉

あなた：どれも壊れてなくて、まだ使えるものばっかりです。とくに電子ピアノは三年しか使ってません。取扱説明書も全部揃ってます。高く買ってくださいね。

業　者：（機器を調べながら）なるほど、なるほど。このパソコンは二世代も古い型ですよ。そうなると商品価値はほとんどゼロで、逆に廃棄物処分料をいただく感じですね。こちらの乗馬型健康器具も旧タイプで、お買いになったときは高かったでしょうが、最近では格安の新型が出回ってますので、やはりいまは売れないんです。

あなた：でも電子ピアノは新品同様でしょ？

業　者：（電子ピアノの取扱説明書を開き、渋い表情で独り言をつぶやく）ああ、このタイプか。

あなた：三点まとめての見積もりでお願いしますね。

業　者：はい、そうしますと、商品価値があるのは電子ピアノだけで、パソコンと健康器具は廃棄物処分料をいただくことになります。

あなた：えっ？　パソコンが古くてゴミ同様ってことは分かりますが、この健康器具は、まだ欲しい人がいると思いますよ。

業　者：ご不満なら、パソコンとピアノだけの見積もりにいたしましょうか？

あなた：え〜と、いいえ、めんどくさいので三点まとめての見積もりで結構です。

業　者：じゃあ、電子ピアノは二万五〇〇〇円で買わせていただきます。パソコンと健康器具は、廃棄物処分料として、それぞれ三五〇〇円で、合計七〇〇〇円いただくとして、差し引き一万八〇〇〇円で、三点まとめて引き取らせていただきます。

あなた：分かりました。

この交渉では、あなたはムダな三点を処分できるし、リサイクル業者も納得のいく価格でまとまりました。あなたは「まずまずの交渉だった」と思っているのではないでしょうか。

「あせらせる」交渉

しかし、もしもあなたが「あせらせる」テクニックを使っていたらどうなっていたでしょうか？　結果の違いを見てみましょう。

上手な交渉

業　者：はい、そうしますと、商品価値があるのは電子ピアノだけで、パソコンと健康器具は廃棄物処分料をいただくことになります。

あなた：え〜と、それだと見積もりはどうなりますか？

業　者：電子ピアノは二万五〇〇〇円で買わせていただきます。パソコンと健康器具は、廃棄物処分料として、それぞれ三五〇〇円で、合計七〇〇〇円いただくとして、差し引き一万八〇〇〇円で、三点まとめて引き取らせていただきます。

あなた：一万八〇〇〇円ですかぁ。めちゃ安いなぁ。せめて二万五〇〇〇円になりませんか？

業　者：（苦笑いしながら）それだと商売にならないんですよ。

あなた：分かりました。おたくは一万八〇〇〇円の見積もりですね。じつは午後に、別の業者さんにも見積もりに来ていただく予定なので、そちらの業者さんの見積額も聞いた後、条件のよいほうにお願いしようと思います。それで、申し訳ありませんが、おたくに引き取っていただくかどうかは、改めて電話します。

業　者：そうなんですか？　え〜と、じゃあ、いま決めていただけるなら、うちも二万二〇〇〇円までならがんばりますけど、どうですか？

あなた：いいえ、最低二万五〇〇〇円だと考えていたので、午後の業者さんに期待してみます。そちらの業者さんの見積もりが、おたくより安いようなら、改めておたくに頼みますよ。

業　者：う〜ん、分かりました。じゃあ二万五〇〇〇円で引き取らせていただきます。もちろん、いまここで決めていただけるならですけど。

あなた：……分かりました。じゃあ二万五〇〇〇円でお願いします。

「午後に来る別の業者」があなたの作り話でもかまいません。要するに相手のリサイクル業者をあせらせるために期限を設けたのです。

業者にとっては、「いま」でなければ自分の見積額で買い取れる可能性はほとんどありません。あなたが午後に別の業者に見積依頼をするとき、当然、「午前中の業者さんは一万八〇〇〇円でした」と言うでしょう。そうなると午後の業者は後出しジャンケンできるので、先行する自分が負けるのは目に見えています。つまり業者にとっては「いま」が隠れた「期限」なのです。

そこでこのリサイクル業者は、二万五〇〇〇円という思い切った金額で妥協せざるをえませんでした。あなたは相手をあせらせることで、この交渉に勝利したわけです。

「あせらせて」本音を探れ

この交渉で、リサイクル業者が最初に示した一万八〇〇〇円という見積もりが妥当な額なのか、それとも「吹っかけ」なのかは、あなたには判断できないでしょう。それでも「あせらせる」ことは有効です。

業者の言い値がまったくの吹っかけだった場合は、別の業者の話を持ち出せば、すぐに値上げしてくるはずです。たとえ妥当な額であっても、この業者は「後出しジャンケン」に負けることを嫌って、支払額を少し上乗せするでしょう。

一方、別の業者の話を持ち出しても、この業者がまったく動じなかったら、一万八〇〇〇円は妥当な金額であることを意味します。その場合、翌日、改めてこの業者に電話して、一万八〇〇〇円で売ると告げればよいのです。
つまり期限を設けてあせらせることは、相手の本音を探る有効な手段でもあるのです。

交渉の基本戦略⑦【相手をあせらせよ】のまとめ

★（架空でもよいから）期限をちらつかせよ！
★相手が隠している期限を発見せよ！
★（架空でもよいから）対抗馬を登場させよ！

感情的になるな

交渉の基本戦略⑧

相手の話はよく聞け

第2章で述べたように、交渉とは、相手と協力しながら、自分たち自身で妥結案を作る作業です。自分と相手は利害が対立する敵どうしでもあり、同時に共同作業を行うパートナーでもある、という矛盾した関係です。そこで、感情的対立が激化すれば敵対関係が前面に出て、パートナーとしての関係が危うくなり、その分だけ交渉妥結が遠ざかります。

ですから、どんなに主張の隔たりが大きくても、感情に任せて暴言を吐くべきではありません。「おまえも頭が固いヤツだなぁ！　さっきから何度も説明してるじゃないか！　聞いてんのか?」などの表現は慎みましょう。そうではなく「困りましたねぇ。お互いの隔たりは、まだまだ大きいですねぇ。なにかよい案はないでしょうか?」という雰囲気にしましょう。あくまでも相手をパートナーとして扱い続けるべきです。

どんなに主張がかけ離れていても、その距離を、協力して解こうとしているパズルのむずかしさにすり替えるのです。静かな口調で「むずかしいパズルですねぇ」と語りかけるのです。

たとえ相手が感情任せに語気を荒らげてきても、それに応戦することなく、あなたはあくまでパートナーとして、相手の主張に耳を傾ける包容力を見せましょう。キャンキャン吠える相手も、やがてあなたの冷静さに飲み込まれるはずです。

感情的な交渉

交渉に感情が持ち込まれるとどうなるか、一つの例を挙げます。

あなたは大手チェーンの居酒屋でアルバイトを始めて二年以上になり、いまでは厨房のチーフを任されています。厨房のチーフとしてのあなたには悩みがあります。

週末の夜など、お客さんの注文がピークに達したようなとき、厨房スタッフがフル回転しても調理が間に合いません。厨房は完全にオーバーヒート状態になります。そこであなたは店長に、厨房スタッフを一名採用してほしいことを伝えようと決意します。

しかし店長はその居酒屋チェーン本社の正社員で、採算面に責任を持っています。収益を高めるため、むしろふだんから人員を減らしたいような発言をしており、あなたの要求はそう簡単に受け入れられそうもありません。

下手な交渉

あなた：厨房はもう限界です。週末なんかは、ほとんどのテーブルの注文を待たせてる状態で、お客さんが、直接、厨房を覗いて「まだかい!?」と詰め寄ってくるんですよ。

店　長：それだけ繁盛してるんだから、不景気の世の中、ありがたい話じゃないですか。

あなた：ありがたいって！　お客さんは不満がつのるし、我々、厨房スタッフも限界だし、誰もありがたくないですよ。ありがたがってるのは、金の計算をしてる本部だけでしょ！

店　長：で、何が言いたいんですか？

あなた：やはり、厨房スタッフとしてアルバイトをもう一人雇ってください。本当は二人雇ってほしいんですけど。

店　長：先月のうちの成績を知ってますか？

あなた：西部地域で最低だったってことでしょ？　でも、赤字だったら分かりますけど、採算割れしているわけじゃないし。少ないスタッフを締め上げられるだけ締め上げるなんてやりかたじゃ、誰もついていきませんよ！

店　長：いい歳して、なに青臭いこと言ってるの！　赤字でなけりゃいいなんて甘い考えでいるから、人を増やそうなんて安易なことしか思いつかないんだよ。いまの成績のままだと本部がどう思うか考えてごらん。閉店だってありうるよ。職を失うことに比べれば、おぜいのお客さんに注文されて、汗かいて働けるほうがよっぽどましでしょう！

あなた：それは正常な労働環境でいえる話ですよ。先週、藤田さんが風邪で休んだ日、まったく厨房が回らないから、新しいお客さんはお断りしたじゃないですか。一人休むと職場が

機能しない状態にしておくなんて、管理職として職務怠慢じゃないですか！　ある程度、病気欠勤が出ることを織り込んでいないなんて、無能の管理職がすることですよ。

店　長：無能で結構。無能の私は頭が固いから、みなさんには現状のままがんばってもらいます。うちの時給は業界でもいいほうだから、嫌で辞めたい人には、どんどん辞めてもらって結構です。補充はいくらでもできますから。

あなた：（怒って無言で席を立つ）

この交渉失敗の主な原因は、もちろん店長の採算至上主義、店員に対する思いやりのなさのためです。さらに店長は、あなたの話をまったく聞こうとしませんでした。

しかし交渉失敗には、あなたの側にも過ちがあったのです。あなたは、そのような店長が相手であることを前提として交渉すべきでした。

あなたの第一の失敗は、そのような店長に対して、感情のままに「職務怠慢」「無能」などの禁句を使ったことです。そうした人格攻撃が店長の感情をも硬化させてしまいました。さらに、店長と同様、あなたも店長の主張に反発するだけで、まったく聞く耳を持とうとしていませんでした。あなたも店長も、どちらも相手の主張をよく聞き、分析する態度がなかったのです。

感情を抑えた交渉

では、こうした点に気をつけた交渉ではどうなるか、見てみましょう。

上手な交渉

あなた：やはり、厨房スタッフとしてアルバイトをもう一人雇ってください。本当は二人雇ってほしいんですけど。

店　長：先月のうちの成績を知ってますか？

あなた：ああ、西部地域で最低だったんですよね〜。まずいですよね〜。原因はなんですか？他店と比較して来客数のデータとかでは、どうなんですか？

店　長：（データを持って来て）テーブル一卓当たりの集客数は、うちは西部地域でも平均以上なんだよ。だから、厨房でみんなが感じているとおり、集客が悪いわけじゃないんだ。

あなた：じゃあ、テーブル一卓当たりの従業員数が多いとか？

店　長：そう、うちの従業員数は平均よりかなり多い。人件費が収益性を圧迫しているから減らしたいわけ。

あなた：たしか厨房スタッフと接客スタッフの人員内訳データも出てますよね。

店　長：ああ、うちは合計としての従業員数も多いけど、接客スタッフは西部地域でいちばん多いな。あっ、厨房スタッフだけだと、平均よりかなり少ないな。

あなた：ああ、それで厨房が異常に苦しいんだ。つまり、他店と比べると、接客側と厨房側との人員配置に偏りがあるってことでは？

店　長：そうだなぁ。そういえるなぁ。

あなた：集客数が多いのに収益が低いって、注文品の価格帯はどうですか？

店　長：西部地域の平均より、かなりいいよ。だから、収益性の悪さには、メニューの品揃えとかは関係ないかな。

あなた：うちの成績が最低って、もちろんテーブル一卓当たりのデータですよね？

店　長：いや、総計での話。

あなた：そんな！　店の規模、テーブル数がバラバラだから、総計収益での成績比較なんて無意味じゃないですか。テーブル一卓当たりの収益性では、どうなんですか？

店　長：（言いにくそうに）じつは平均をかなり上回ってるよ。

あなた：そりゃ、ひどいですよ〜！　みんなに発破をかけたくて好成績を隠してたなんて！　店

長のお立場上、分からなくもないですけど。逆に好成績を発表したほうが、職場の士気が上がるかもしれませんよ。

店　長：地域でトップとかなら、僕もそうしたよ。それに、成績がよければスタッフを増やして、と言われるのは目に見えてたから。

あなた：**じゃあ、たとえば収益性の低い接客チームから一人、厨房へ異動してもらう、とかは可能ですよね？　そうすれば接客係が少し減る分、お客様からの注文を取る速度が若干落ちるので、厨房の負担を減らす効果としては一石二鳥です。あと、うちの実際の成績はいいんだから、さらに厨房にもう一人アルバイトを雇うこともできますよね？**

店　長：分かったよ。接客から厨房へ人員を回すよ。アルバイト採用の件も検討してみるよ。

あなた：**ありがとうございます。**

今回の交渉では、あなたは店長の主張に耳を傾け、その結果、大きな成果が得られました。「聞いてもらいたいなら、先に聞け」が交渉の大原則です。

この交渉であなたは、「よく聞く」ことの他にも、前述の『基本戦略❸　正しい根拠で主張せよ』や、後述する『基本戦略❾　相手に共感を示せ』『基本戦略❿　相手を助けよ』など、多彩な戦術を矢継ぎ早に展開しています。しかし、なんといっても「相手の話をよく聞く」ことがいちばん効果を上げているのです。

「聞く」ことの五つのメリット

この「上手な交渉」からも分かるように、交渉では十分なコミュニケーションが必要です。「コミュニケーション」という言葉は、一般的に、自分の主張を相手にどう伝えるかという方向が強く連想されます。しかし交渉では、相手の主張をよく「聞く」という逆方向が重要になります。交渉の場面で「聞く」ことには、次に挙げる大きな五つのメリットがあるからです。

メリット① 相手の「真の要求」「隠された要求」を知ることができる
メリット② 相手の主張を支えている「根拠」を知ることができる
メリット③ 相手が持つ交渉での「強み」や「弱み」を知ることができる
メリット④ 相手の高ぶった感情を「ガス抜き」できる
メリット⑤ 相手の「聞く耳」のスイッチを入れることができる

以下、それぞれを詳しく見ていきましょう。

◆メリット① 相手の「真の要求」「隠された要求」を知ることができる

相手の表面上の要求にとらわれていると、交渉が膠着状態になることがあります。そんなときも、相手の話をよく聞くことで、隠された要求を知ることができます。それによって新しい提案をすることができ、交渉を進めることができるようになるわけです（『基本戦略⓾ 相手を助けよ』参照）。

相手が「隠された要求」を自覚していないことも少なくありません。そんな場合も「聞く」ことによって、相手が自覚していない真の要求に、あなたが気づくこともあります。

◆メリット② 相手の主張を支えている「根拠」を知ることができる

『基本戦略③ 正しい根拠で主張せよ』で、交渉での攻撃目標は、相手の「主張」自体ではなく「根拠」だと説きました。先ほどの「上手な交渉」でも、あなたは店長から多くのデータを聞き出し、そこでみつけた「弱い根拠」に反論することで、店長の主張を覆すことができました。

相手の主張の根拠を聞き出し、その中から、証明力のない「弱い根拠」をみつけ出すことが重要です。相手の話を聞けば聞くほど、相手の弱い根拠をそれだけ多くみつけられます。

◆メリット③　相手が持つ交渉での「強み」や「弱み」を知ることができる

相手の話をよく聞くことによって、相手が本音ではどの程度、交渉妥結を望んでいるかが察せられるようになります。その望みの程度が、相手の「強み」や「弱み」になります。

また、たとえば価格交渉が決裂した場合、買い手は「他のお店に行く」という代替案を持っていたとします。そうした代替案は、買い手にとって交渉の「強み」になります。さらに交渉が決裂したとき、相手に不利益をもたらすことができれば、それは相手への「脅し」になります。たとえば、「直接、あなたの上司と相談させてもらいます」などという脅しです。このような「脅し」ができることも交渉の「強み」です。

一方、あなたから買い取るしか、相手に方策がない場合は、それが相手の「弱み」になります。「あなたがお嫌なら買っていただかなくて結構です」と脅すことができれば、それがあなたの「強み」に、裏返すと相手の「弱み」になるわけです。

交渉相手は、パートナーであるのと同時に敵です。敵でもある以上、相手の「強み」や「弱み」とその程度を知っておく必要があるのです。

◆メリット④　相手の高ぶった感情を「ガス抜き」できる

店長との「上手な交渉」では、あなたが、その主張をよく聞く姿勢を示しただけで、店長は静かに対応してくれました。そもそも感情の高ぶりとは、相手への不満です。人は「自分の話を聞いてくれる人」を味方と感じて、不満はガス抜きされるのです。しかも、ガス抜きだけなら「聞いているポーズ」だけでも十分な効果があります。

静かに相手の主張を聞くことは、交渉を自分に有利な方向へ導ける、簡単で有力な手段なのです。この簡単な方法を知らない人たちが、夫婦ゲンカをエスカレートさせたり、さまざまな交渉を無益な泥仕合へと発展させたりしてしまうのです。

◆メリット⑤　相手の「聞く耳」のスイッチを入れることができる

先ほども書いたように、人は「自分の話を聞いてくれる人」を味方と感じるものです。逆に「聞いてくれない人」は敵です。敵に対しては「聞く耳」を持たなくなります。こうなるとお互いに「相手の話を聞かない」悪循環となり、「売り言葉に買い言葉」の応酬に発展して、交渉は決裂してしまいます。

もしもこのような愚かな状態に陥ってしまったなら、あなただけはいち早くその愚かさから脱することが大切です。そのためにはまず「聞く」ことです。あなたの「聞く」態度は、やがて相手にも伝染して「聞く耳」のスイッチが入ります。その結果、あなたの主張もよく聞いてもらえるようになるでしょう。やはり「聞いてもらいたいなら、先に聞け」なのです。

お互いによく聞く関係を築くことができれば、コミュニケーションが深まり、交渉はうまくまとまるはずです。

交渉の基本戦略❽【相手の話はよく聞け】のまとめ

★相手に対する人格攻撃は避けよ！
★よく聞いて、相手の真の要求を探れ！
★よく聞いて、相手の強みと弱みを探れ！
★よく聞いて、相手の感情のガス抜きをせよ！
★よく聞いて、相手にも聞いてもらえ！

交渉の基本戦略❾

相手に共感を示せ

良好なパートナー関係を保つもう一つの方法

繰り返し述べてきたように、交渉相手は敵であると同時にパートナーです。相手の感情を害せば、パートナー関係が弱まり、合意案を作るという共同作業が円滑に進まなくなります。交渉とは論理で攻めるゲームですが、そこには「相手の感情を害さない」という条件があります。

交渉とは、一方の手で握手を続けながら、もう一方の手で殴り合うようなむずかしい作業です。握手している手が離れてしまうと、ただ殴り合うケンカになってしまいます。そのために基本戦略⑧で、相手の主張に耳を傾けることの重要性を説きました。さらにここでは、握手を続けるもう一つの手段として、「相手に共感を示す」というテクニックを紹介したいと思います。

階下との騒音をめぐる交渉

次の例で、あなたは夫と二歳になる娘の三人家族でマンション暮らしをしています。空気もきれいな郊外の新築マンションで、便利で快適ですが、唯一、困っていることがあります。マンションの階下のお宅で、大学生の息子さんが大音響で音楽を聞くのです。さらに、自らサックスを吹くこともあります。さすがに気を遣っているらしく、サックス演奏中は窓を閉めているのですが、まったく効果がありません。あなたのところでは床下から響いてくるのです。

こうした騒音が時折ならまだしも、しばしばのことなのです。ついに、あなたは階下のお宅に申し入れることにしました。交渉相手は、無愛想な奥さんです。二年ほど前にゴミ捨ての問題で軽い口論をして以来、あまり言葉を交わす関係ではありませんでした。しかもその奥さんは、問題の息子さんを溺愛しているとの噂です。

下手な交渉

あなた：突然にすみません。ちょっとご相談がありまして。

奥さん：なんでしょう？

あなた：息子さんの音楽の件なんですけど……。

奥さん：（あなたの発言をさえぎって）うちの息子？　ああ、健二は熱心でしょう！　将来は音楽で食べていくって意気込んでるんです。

あなた：そうかもしれませんけど、だからといって、他人に迷惑をかけてもいいわけではありませんよね？

奥さん：（ちゃんと窓を閉め切っているので、他人に迷惑がかかるとは思ってもいなかった）迷惑？　どんな迷惑がかかるんですか？

あなた：迷惑もなにも、毎日、凄い音量の音楽で、うちの床に響いてくるんですよ！
奥さん：そんな大袈裟な！　真夜中に大きな音を鳴らしているなら、ともかく。第一、水曜は息子は授業に行った後も深夜までアルバイトをしてますから、「毎日」なんてウソをつかないでください！
あなた：毎日かどうかなんて問題じゃなく、実際にお宅の騒音で我が家が迷惑していると申し上げてるんです。
奥さん：それより、これを機会に申し上げますけど、お宅のお子さんがドタドタと走り回る音、どうにかなりませんか？　毎日、雷が鳴ってるみたいですよ。これは、本当に「毎日」！　あと、おもちゃかなにかをよく床に落としますよね。ガチャンガチャンとすごく耳障りなんですけど！　うちはいままで文句も言わず、その迷惑をずっと我慢してきたんですよ。マンションなんですから、あまり小さいことをガタガタ言うと、お互いギスギスして暮らしにくくなるでしょ⁉　お互いさまですよ！

こうして交渉は決裂しました。あなたと階下の奥さんとの関係がもともとあまりよくなかったことも交渉失敗のいちばん大きな原因かもしれません。しかしじつは、これ以外にも、あなたに

「相手に共感する」という態度が欠けていたことも、交渉決裂の大きな原因なのです。

「共感する態度」の効果

人は「あなたの主張には一理ある」と言われると、少しは態度が和らぐものです。「そうですね、おっしゃるとおりですね」と、共感してもらえたことで、それまであなたを敵として見ていたために切られていた相手の「聞く耳」のスイッチも入ります。「聞いてもらいたいなら、先に聞け」が大原則です。先に相手の主張に耳を傾け、共感の態度を示しましょう。

先ほどの階下のお宅との交渉で、共感する態度をとると、交渉がどう変わるでしょうか？

上手な交渉

あなた：息子さんの音楽の件なんですけど……。

奥さん：（あなたの発言をさえぎって）うちの息子？　ああ、健二は熱心でしょう！　将来は音楽で食べていくって意気込んでるんです。

あなた：そうでしたか、それは楽しみですね。ほとんど毎日、練習されているようで、よほどお好きなんだろうとは思ってましたが、プロを目指しているとは！　じつは私も昔、ピア

ニストを目指していたんですよ。だから、練習の大切さはよく分かります。
奥さん：そうだったんですか、知りませんでした。
あなた：でも、息子さんの夢のためとはいえ、奥さんもたいへんですね。いつも息子さんの練習曲を聞いているのは、ときどき辛くはないですか？　ご近所を気遣って窓も締め切ってらっしゃるようだし、真冬ならともかく、ときどきは息苦しくございません？
奥さん：そうなんですよ。じつは息子が好きなジャズなんか、私は好きじゃないんです。（あなたの要求を察して）あの、もしかして健二の音楽の音、大きすぎますか？
あなた：ええ、ほんのときどきなんですけど。ステレオのボリュームは絞ってらっしゃるようだし、サックスの練習でも窓を閉めていただいてるようですが、それでも昼寝中の娘が驚いて目覚めることがあるんです。マンションで、小さなことはお互いさまですけど。
奥さん：そうでしたかぁ。いえいえ、健二にも注意しときますよ。防音工事ができればいいんですが、先立つものがねぇ……。とにかく、注意しておきます。
あなた：ご配慮、ありがとうございます。でも、私も健二君の夢を応援してます。注意されて、夢に向かって努力している健二君が萎縮しちゃったら申し訳ないです。それからお宅様だけにお願いするのは一方的ですから、逆に、うちのほうでもなにかご迷惑をかけてい

ませんか？　お互いさまですから、なんでもおっしゃってください。

奥さん：そうおっしゃっていただけるなら、じつはときどき、お子さんが走り回る音がドンドンと響くことがあります。

あなた：あっ、それは失礼しました！（深く頭を下げながら）本当に、すみません。厚手のカーペットを敷くとか、ちょっと改善策を考えてみます。申し訳ありませんでした。とにかく、本日はいろいろ聞いていただいて、本当にありがとうございました。

奥さん：こちらこそ、ありがとうございました。

一方的な勝利は避けよ

上手な交渉では、日頃は疎遠《そえん》な階下の奥さんも、あなたが共感の姿勢を繰り返し示すことで、すっかりあなたのペースに乗せられたようです。

このように交渉では、自分の主張を通す論理力だけではなく、相手の感情を操作する能力も重要です。論理力が殴り合いの技術なら、感情操作力は握手のテクニックといえます。この両者を兼ね備えている人が交渉上手な人なのです。

あなたの希望は、階下の息子さんの騒音を全面的に止めてもらうことです。それが実現すれば、交渉はあなたの全面勝利です。しかし「下手な交渉」のように全面勝利にこだわりすぎると、交渉が決裂することもあります。決裂すれば、結局、なんの成果も得られません。

一方「上手な交渉」では、息子さんの騒音があなたの世帯に迷惑をかけていることを認識してもらえました。さらに、騒音の完全中止まで約束してもらえたわけではありませんが、「注意する」という改善の約束までもらえました。小さな一歩でも、決裂に比べれば大きな成果です。

また下手な交渉では、あなたの娘の騒音問題を相手から先に言われてしまいました。一方、上手な交渉では、「うちのほうでもなにかご迷惑をかけていませんか?」とこちらから問いかけています。こうした、相手側の満足にも配慮する姿勢が、相手の態度を和ませるのです。

自分の利益しか念頭にない交渉態度では、人を動かせないのです。

交渉の基本戦略❾【相手に共感を示せ】のまとめ

★相手を全面否定するな!
★相手の主張に「共感の姿勢」を見せよ!
★相手側の満足に配慮せよ!
★自分にできる譲歩案を相手に尋ねよ!

交渉の基本戦略⑩

相手を助けよ

営業部vs.開発部

何度も述べてきましたが、交渉の当事者は、利害が対立する敵どうしであると同時に、ともに交渉をまとめる作業を行うパートナーでもあります。交渉相手をパートナーと見た場合、問題を解決するうえで、相手が困っていることがあれば助けてあげるという発想も大切です。

助けることによって、相手の不満が減ります。それは満足が増えることと同じ意味です。さらに、交渉妥結の直接的な障害が取り除かれる可能性もあります。それによって交渉がまとまる可能性が飛躍的に大きくなります。

次の例では、あなたは電子書籍用の小型端末を販売する営業部門の部長です。いま会社では非常に軽量で薄い新製品を開発中です。しかし開発が予定より半年遅れるとの見込みを開発部長から告げられました。市場の要求、競合他社の状況からすれば、半年遅れは許されません。そこで営業部と開発部の交渉が始まりました。

営業部の本音は、現状の「半年遅れ」を「三ヵ月遅れ」まで早めることでした。しかし交渉の常套手段として、最初は「仮に遅れるとしても一ヵ月遅れが限界」と吹っかけてみました。これに対して開発部は「半年遅れでさえ確約できる状況ではない。半年以上遅れる可能性も大いにある」と一歩も引きません。開発部の主張が吹っかけなのか本音なのか、営業部には判断がつきません。こうして交渉は膠着状態に陥ってしまいました。

この状況を打開するため、あなたは、開発部長との二人だけのトップ交渉を提案しました。結果はどうだったでしょうか。

下手な交渉

あなた：半年遅れなどはまったく論外ですよ。標準化競争で完敗してしまえば、いくら半年後に高機能の製品を投入してもなんの意味もありません。そうなれば開発コストがすべてムダになってしまいます。

開発部長：そんなことは説明されなくても分かってます。

あなた：では巨額な損失が出ることを承知で、このままのペースで開発を進めるのですか？

開発部長：役員会で開発中止が正式に決まるまでは、私の職責なんだから仕方ないでしょう。

あなた：まるで中止の指示を待ってるみたいじゃないですか。どうせ「半年遅れ」というのは、開発部スタッフの健康を気遣っての予防線でしょ？　そろそろ本音の話をしましょうよ。本音では、最善を尽くした場合はどのくらいの遅れなんですか？

開発部長：社運がかかっている状況で、本音を隠してなんかいませんよ。この前もうちの部の高橋君が説明したように、コピー・プロテクトのチップの開発が想定外の負担になってます。このままでは「半年遅れ」でも、過労で倒れるメンバーが出るかもしれません。

あなた：じゃあ、我が社は電子書籍端末から、このまま撤退ですね。

開発部長：発売が半年遅れても、市場がどうなっているかは未知数の部分もあります。だからこそ、社内で正式な開発中止の動きが出てこないわけでしょう？　半年遅れでは営業のみなさんに多大なご迷惑がかかるのは承知しています。申し訳なく思っています。

あなた：ええ、まあ……。

このような交渉では、開発を「三ヵ月遅れ」に近づけられる見通しがまったく立ちません。開発部長は「半年遅れ」を変える必要がないと思っているように見えます。それが本音なら、開発部長は、交渉が物別れに終わることを恐れていないわけです。

つまり、交渉妥結を必要としていない開発部長は「交渉の強者」です。少しでも発売日を早めたい、営業部長のあなたは完全に「交渉の弱者」です。強者が拒絶すれば、弱者には打つ手がなくなります。

では、弱者のあなたはどう交渉すればよいのでしょうか?

隠されていた本音

「下手な交渉」の問題点は、「半年遅れの見通しは変更しない」と言う開発部長に対して、それを早めるために、「では、営業部長としてどんなサポートができるか?」という発想があなたになかったことです。

そこで次に、開発部に対して要求するだけでなく、「ともになにができるか?」という姿勢で交渉してみましょう。

上手な交渉

開発部長:社運がかかっている状況で、本音を隠してなんかいませんよ。この前もうちの部の高橋君が説明したように、コピー・プロテクトのチップの開発が想定外の負担になってます。このままでは「半年遅れ」でも、過労で倒れるメンバーが出るかもしれません。

あなた：分かりました。では開発をどれだけ早められるか、って質問は止めます。逆に、たとえば遅れを二ヵ月程度にするためだったら、開発部長としてなにを要求なさいますか？

開発部長：そりゃ、金と人を自由に使っていいなら……（実現不可能な話で、事実上「無理です」と答えているつもり）。

あなた：具体的に、金や人をどう使うと、遅れを取り戻せるんですか？

開発部長：（あなたが真顔で聞いてきたので驚きながら）それなら、あのチップだけは外注します。なにもかも自社開発してるから時間がかかるんです。既製のチップを使えば、製品はすぐにでも組み立てられます。ただし既製のチップは高額なので、このままでは定価を倍以上、上げざるをえないでしょう（「だから無理なんです」と言いたい）。

あなた：コピー・プロテクト・チップを外注したら、遅れを取り戻せるんですか！　具体的にその費用はいくらで、遅れはどの程度に改善できるんですか？

開発部長：まあ三ヵ月遅れくらいで収まるでしょう。

あなた：で、費用は？

開発部長：たぶん、一億円もあれば十分でしょう。……でも、それはできないよ。

あなた：一億円なら検討可能な額じゃないですか！

開発部長：金の問題じゃない。せっかく、我々が長年、汗水たらして培ってきた独自技術が潰れてしまいます！

あなた：（意外な話が飛び出てきて、なにかが隠されていることを直感する）ああ、第四開発部が長年、取り組んできた技術ですね。そうでしたか……。つまり、あなたのご本心は、ずっといっしょに苦労してきた彼らの努力を、競争原理だけで無にしてしまいたくない、ってことなんですね？

開発部長：（沈黙していることで、認めている）

あなた：じゃあ、こういう案はどうでしょうか？

この後、あなたは、別プロジェクトとの関連によって、第四開発部の人たちが長年、培ってきた技術がムダにならないような方策を提案しました。また、既製品チップ購入費について、個人的にも、また営業部長の立場からも検討し、サポートすることを延々と述べました。その結果、交渉はまとまる方向で進み出しました。

助け合う交渉

この交渉では、表面上では「半年遅れ」で行きたい開発部長と、それを「三ヵ月遅れ」までに早めたいあなたとが対立していました。しかし「上手な交渉」でのあなたは、開発部長の話をよく聞くことで、彼の「半年遅れの予定は動かせない」という主張の隠されていた根拠が、「独自技術が潰されるから」であることをみつけたのです。

長年、開発部長と一心同体だった第四開発部の独自技術を守る、というその要求は、開発を早めてほしいというあなたの要求と、必ずしも対立しません。そこで、あなたは開発部長の不安を解消するサポートを約束しました。こうして、開発の遅れを取り戻す交渉がまとまったのです。

当然のことですが、基本的には、交渉とはお互いの利害が対立している場合に行われます。対立する利害をどう調整するかが話し合われるわけです。ところがこのとき、じつは「真の要求」が交渉のテーブルに載っていない場合もあります。そして、この真の要求ではお互いの利害が対立していないこともありえます。

そんな場合には、相手を積極的にサポートする姿勢を見せることで、難航していた交渉が一気に妥結に向かうことがあるのです。

交渉の基本戦略⑩【相手を助けよ】のまとめ

★相手の表面上の主張にとらわれるな！
★相手の本音の主張を聞き出せ！
★「いっしょに解決しましょう」の精神で話せ！
★相手の悩みを発見し、その解決に協力せよ！

交渉の基本戦略⑪

「相手の譲歩案」を自ら提案せよ

天秤のバランス

裁判とは違い、直接交渉では当事者のどちらかに強い不満が残る妥結は不可能です。いずれの側も「そこそこの満足」でなければ交渉妥結できません。

喩えるなら、交渉とは、天秤の左右の上皿に「満足」という名の分銅を載せたり降ろしたりしながら、天秤の針を中央に寄せるような作業です。どちらかの側に大きく傾いたら、交渉は妥結しません。そのためにに、あなたの上皿の分銅（満足）の一つを相手の上皿に載せる、あるいは逆に、相手の分銅（満足）の一つをあなたの上皿に載せてもらう作業です。

ただしこの場合、載せ替える分銅を選ぶ側が有利になりがちです。とくにあなたが不満な場合は、相手が譲歩する案を相手自身に考えさせる、つまり分銅の調整を相手に任せると、天秤の針は相手側有利に傾くことが多くなります。

できるだけあなた自身が、相手の分銅（譲歩案）を選んで自分の上皿に載せるようにしなければなりません。

すなわち相手に譲歩を求める場合は、相手の譲歩案を、あなた自身が提案するべきなのです。

『ホテル・ドジ』との交渉

次の例では、あなたはネットで予約していたホテルにチェックインしようとします。ところがホテル側のミスで、あなたの部屋は確保されておらず、しかもホテルはその晩、満室でした。

さてあなたは、この『ホテル・ドジ』のフロントマンとどう交渉しますか？

下手な交渉

あなた：えっ？　予約されてないって？　冗談じゃないよ！

フロント：たいへん失礼ですが、予約されたのはお間違いないでしょうか？

あなた：（予約時に返信されてきた予約確認メールのプリントを見せる）間違いないでしょ？明日の早朝ここから徒歩数分のところで大切な仕事があるからここを予約したのに。いまからでも部屋を準備してください。

フロント：申し訳ありませんが、今晩は満室でまったく空きがないんです。

あなた：だったら、どうしてくれるんですか？

フロント：本当に申し訳ございません。当ホテルでは、どうすることもできないので、至急、近くの○○ホテルに空きがあるかどうか問い合わせてみます。（五分ほど待たせた挙げ句）すみません、○○ホテルも満室でした。それでたいへん恐縮ですが、隣駅にある駅前の△△ホテルに部屋を確保しました。△△ホテルのフロントで、お客様のお名前を言っていただければ、チェックインしていただけます。

あなた：隣駅って電車で一五分でしょ？　だめだよ。この駅周辺でなんとかしてください。

フロント：すみません、当駅周辺のホテルは三軒とも満室だったんです。

このような交渉のしかたでは、なかなからちがあきません。

それどころか泊まるところがないあなたは本当に困りますが、ホテル側には直接的な痛みがありません。そうなると、ホテルの不始末の被害者であるあなたのほうが交渉の弱者、いわば加害者であるホテル側が強者になってしまいます。このまま交渉しても、あなたには不満足な結果になってしまうでしょう。

では、この状況をどのように打開したらよいのでしょうか？

相手の譲歩案を提案する

こんなときには、ホテルに譲歩してもらう案を、あなたのほうから積極的に示すことです。ホテルの上皿にある分銅のいくつかを、あなたの上皿に載せ替えるように提案するのです。たとえば、こんなふうに交渉を続けてみましょう。

上手な交渉

フロント：すみません、当駅周辺のホテルは三軒とも満室だったんです。

あなた：じゃあ、仕方ないから隣駅の△△ホテルに行きますよ。ただし、私がこのホテルを予約

したのは、立地からの利便性です。また、シングル料金でおたくに予約してます。△△ホテルでの空き部屋を確保していただいたそうですが、△△ホテルでは、このホテルの立地などの利便性と、シングルの低料金は望めません。そこで、そちらが予約で私に約束したはずの「利便性」と「シングルの低料金」を約束どおり提供してくれませんか？

フロント：（意味が分からず）……は？

あなた：つまり、このホテルから△△ホテルまでの往復タクシー代金を払っていただくか、車での送迎を手配してください。厳密に言えば車で送迎してもらっても、私の予約で確保していたはずの利便性は得られませんが、その点は我慢します。あともう一つ、△△ホテルの料金とこのホテルのシングル料金との差額を負担してください。でないと、そちらのミスの代償を私が負担することになります。それでは、あまりに理不尽だとは思いませんか？（もう一回、印刷した予約確認メールを示す）

フロント：おっしゃるとおりですね。承知いたしました。

このように、あなたが相手に実行してほしい譲歩案を提案するのです。つまり、相手の上皿の分銅の中から、あなたの上皿へ、あなた自身が選んで載せ替える譲歩を迫るのです。こうでもしなければ、結局、ホテル側のミスで生じる負担（明朝の不便や高い宿泊料）を、あなた自身が負う結果になっていたでしょう。いわゆる泣き寝入りです。

泣き寝入りをしたくなかったら、相手の譲歩案を、あなたから積極的に提案してみましょう。

交渉の基本戦略⑪【「相手の譲歩案」を自ら提案せよ】のまとめ

★相手の譲歩案を自ら考えよ！
★相手の譲歩義務を説明せよ！
★相手の「頭の固さ」を柔軟な発想で切り崩せ！
★証拠を示して説得力を補強せよ！

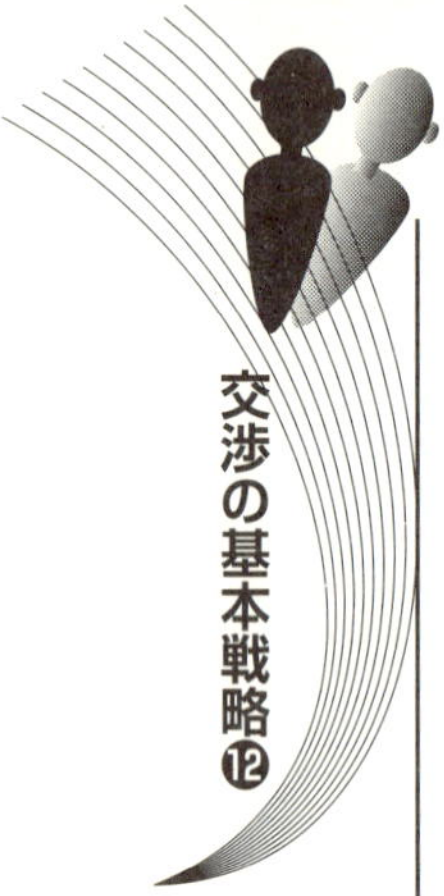

交渉の基本戦略⑫

自分の譲歩は高く売れ

相手の「満足度」は相手が決める

前述のように、交渉とは、天秤の左右の上皿に「満足」という分銅を載せたり降ろしたりしながら、天秤の針を中央に寄せる作業のようなものです。

しかしここで気づいてほしいことがあります。分銅の重さは、単純に譲歩の金品などの客観的な価値自体では決まらないということです。

たとえば、あなたが「相手への支払いをあと五万円増やす」という譲歩を考えたとしましょう。しかしそれは、単純に、相手の上皿に「五万円の重さの分銅を追加して載せる」という効果になるとは限りません。

なぜなら、五万円という分銅（譲歩）を申し出たとき、相手はひょっとしたら「私が欲しいのは金じゃない！　欲しいのは、私が失った名誉の回復だ！」と思うかもしれません。そうなると、あなたには重い五万円の分銅も、相手にとっては軽いわけです。

逆に、相手が内心では三万円で十分と思っていたら、あなたの分銅（譲歩）は重くなります。

このように「譲歩を受け取る側の満足度」こそが、分銅の真の重さなのです。

あなたには重い分銅（大きな譲歩）でも、相手には軽い分銅（小さな譲歩）にしか感じられないことがあります。あるいは、逆に、あなたにとっては軽い分銅なのに、相手が重いと評価することもあるのです。「譲歩の重さ」は、譲歩した側ではなく、譲歩を受けた側の満足度で決まるのです。

「軽くて重い」分銅とは

したがって、交渉であなたが譲歩する場合は、相手にとってはできるだけ重く、しかしあなたにとってはできるだけ軽い分銅を譲ることが大切です。

でも、そんな便利な分銅が実際にあるのでしょうか？

次の例では、あなたは彼氏に別れ話を持ちかけました。じつは、あなたには大好きな彼と別れる気などまったくありません。ただ、彼に対して持っている不満な部分を改めてもらいたいため、ちょっと過激ですが別れ話を持ち出したのです。彼があなたに夢中なことはあなたもよく知っています。ですから、「そこを改めてくれないなら別れる！」と圧力をかければ、彼氏も改めてくれるだろう、という読みです。

いわば別れ話を「脅し」にして、彼に譲歩を迫る交渉です。そこで、あなたにとって下手な交渉と上手な交渉の違いを見てみましょう。

下手な交渉

彼　：どうして突然、別れたいなんて言うんだよ！

あなた：だって全然会えないんだもん。あなたの仕事、いまが大切な時期だってことは分かってる。でも今日のデートもひと月ぶりよ。このままじゃ付き合ってる感じがしないわ。

彼　：（じつは、いつものことなので「またかぁ」と思いつつ）でも、せっかく僕が会える時間を作っても、君のバイトのせいでキャンセルになったこともあるのを忘れてない？お互いさまじゃないか。

あなた：じゃあ、やっぱり別れましょう！　いまのままじゃ寂しすぎる……。

彼　：ちょっと待てよ。お互い仕事の都合でなかなか会えないだけで、別に嫌いになったわけじゃないんだから、別れる必要なんてないじゃん！

あなた：でも当分、状況が変わる見通しはないわよね？　あなたがもうちょっと会ってくれればいいのに……。

彼　：君がバイトを理由にキャンセルしないって約束してくれたら、僕も、最低でも月に二回は会えるようにするから。

あなた：分かった、じゃあバイトは辞めるわ。友だちに頼まれて、半分は暇つぶしで始めたバイ

ト　だし。じゃあ最低でも月に二回は会ってね。約束だよ！

彼　：約束するよ。さあ、せっかく久しぶりに会えたんだから、楽しもうよ！

この交渉では、彼氏が一方的に「最低、月に二回」という譲歩をしたわけではありません。あなたにも「アルバイトを理由にキャンセルしない」という譲歩を要求しています。あなたは彼氏のこの要求を認め、譲歩しました。

あなたが彼に渡したこの分銅（譲歩）は、あなたにとってはそれなりに重かったはずです。しかし前にも述べたとおり、あなたの譲歩の分銅としての重さは、あなた自身にとっての重い、軽いではなく、彼氏の満足度の大小が決めることでした。

では彼氏にとって、あなたから譲られた分銅は軽かったでしょうか？　それとも重かったでしょうか？

相手の「痛み」で譲歩の大きさを判断する

ここで、気づいていただきたい重要なことがあります。相手の譲歩に対する満足度には、かなり心理的な要素が含まれるという点です。

たとえばあなたが、億万長者の知人から一〇万円の指輪をプレゼントされたとします。もちろん嬉しいでしょう。しかし同じ指輪を、何ヵ月もバイトして稼いだお金を貯めた彼氏からプレゼントされた場合はどうでしょう？　同じ指輪でも、貧乏な彼氏からもらうほうがずっと嬉しいはずです。その理由は、指輪に込められた「犠牲」の差です。

つまりプレゼントの満足度は、相手がそのためにどれだけ犠牲を払ったか、どれだけ痛い思いをしたかを想像することによって、大きく変わるのです。

交渉時の譲歩もまったく同じです。譲歩する側の「痛み」が大きいと思えれば思えるほど、相手には「大きな譲歩」に見えます。その分、見返りとして相手からあなたに与えられる譲歩も大きくなるはずです。そして、この「痛み」は演技でもよいのです。ズバリ言えば、「痛いふり」をして相手にとって重い分銅に見せかけよ、ということです。

「バイトを辞める」というあなたの譲歩に感じる彼の喜びの大きさも、彼の心理しだいで変わってきます。あなたの演出しだいで彼氏の喜びの大きさは変えることができるのです。

「痛いふり」をする

そう思って振り返ると、先ほどの「下手な交渉」で、あなたは自分の譲歩を痛いふりをしながら高く売りつけていたでしょうか？　いいえ、痛いふりなどまったくしていません。それどころか「友だちに頼まれて、半分は暇つぶしで始めたバイトだし」と無邪気に発言していました。「自分の譲歩を高く売りつける」という交渉の基本をすっかり忘れてしまったのです。

では、あなたはどう交渉すればよかったのでしょうか？

上手な交渉

彼　：君がバイトを理由にキャンセルしないって約束してくれたら、僕も、最低でも月に二回は会えるようにするから。

あなた：そう聞けただけでも嬉しいわ、ありがとう。たしかに私のバイト、出勤日が不規則で何度も迷惑かけたわよね。でも、私も生活が苦しいからバイト辞められないのよ。アパートの家賃も四月から値上がりしたし、電気代がかかるから、エアコンもなるべく使わないようにしてるくらいなの。でもデートもしたいし、どうしようかなぁ、辛いなぁ。

彼　：（困った表情で沈黙する）

あなた：やっぱり、貧乏になってもあなたに会えるほうがいいわ。じゃあバイトは辞めるから、その代わり週一回は会うって約束してくれない？　もちろん、どうしても仕事で無理な

日は諦めるけど、なるべく、週一回は会ってね！

彼　：分かった、僕も努力するよ。バイト辞めるのは辛いだろうから、旅行のときなんかは、今度から旅費は全額、僕が持つよ。

あなた：（満面の笑みで）ありがとう！

このように、あなたはいくつもの「痛いふり」をして、あなたの譲歩（分銅）を彼氏にとっては重い分銅にすることができました。その結果、彼氏から大きな譲歩を引き出すことに成功したのです。もちろん、あなたにとって「本当に重い」分銅は隠しておきましょう。

これが「自分の譲歩は痛いふりで高く売りつけよ」という交渉の基本テクニックです。

交渉の基本戦略⑫【自分の譲歩は高く売れ】のまとめ

★相手が喜ぶ譲歩を与えよ！
★自分の譲歩は「痛いふり」で高く売れ！
★本当に痛い譲歩案は隠しておけ！

交渉の基本戦略⑬

譲歩は小出しにせよ

さまざまな「譲歩」

交渉は、「脅し」と、その対極にある「譲歩」の二つを組み合わせた駆け引きです。前のデートをめぐる彼氏との交渉でも、あなたは「別れる」という脅しと、「アルバイトを辞めて彼氏の都合に合わせる」という譲歩を組み合わせました。

もう少し分かりやすい価格交渉で、その「譲歩」を考えてみましょう。

あなたが買い手なら、払ってもよい最高額が「限界値」となります。そして売り手から見れば、売ってもよい最低額が「限界値」です。交渉では、お互いに自分の限界値にはできるだけ遠く、相手の限界値にはできるだけ近いところでの妥結を目指します。

このとき、既に示している金額から、自分の限界値側のほうへ少し後ずさりした金額を示すのが「譲歩」です。あなたが買い手なら高めの金額、売り手なら低めの金額になります。

ただし「譲歩」の方法は、その場に応じていろいろです。単純そうに見える価格交渉でさえ、

「譲歩」の手段は金額だけとは限りません。相手の満足度を増やすことなら、なんでも「譲歩」になります。そして、あなた自身の「譲歩」でも、相手の「譲歩」でも、とにかく「譲歩」を発案できる柔軟性こそ、交渉力の大きな要素の一つです。

「絞りきった雑巾」と思わせる

譲歩にはもう一つ重要なポイントがあります。

雑巾をゆすいで絞ったとき、最初はザッと水が滴ります。しかし何度も続けて絞れば、やがて、それ以上絞っても水がもう垂れなくなります。

あなたが譲歩しようとするときは、このような「絞りきった雑巾」であることを演ずる必要があります。つまり「もうこれ以上、譲歩を絞り出すことはできない」と相手に感じさせるのです。

次の例では、あなたはマンション販売の営業マンです。ある新築マンションで、一室をのぞいてすべての部屋が売約済みになりました。売れ残ったのは、間取りが大きいため比較的高額で、販売期間中、モデルルームに使っていた部屋です。

モデルルームですから、おおぜいの人が出入りしており、ある意味で半中古品です。その分、値引きしてあるのですが、それでも引き合いがありませんでした。そこに一人のお客様から「あのモデルルーム、まだ残ってる?」と電話で問い合わせがありました。翌日の午後、そのモデルルームの中で交渉が始まりました。

下手な交渉

お客様：なんで、ここだけ残ってるんだと思います?

あなた：それは私どもも不思議に思ってます。モデルルームとして使用した分、お値引きしてあるんですけどねぇ。

お客様：全然、不思議じゃないですよ。残ってるってことは、値段が高いからじゃないですか。

あなた：はあ。

お客様：二五〇〇万円値下げしてくれませんか? 下げてもらえるなら、今日、印鑑と手付け金を持って来ているので、すぐに契約してもいいですよ。

あなた：（「吹っかけ」とは承知しているが）いやぁ、この物件だけは、これ以上のお値引き交渉は無理なんですよ。なぜかといいますと、このモデルルームは、このマンションの広告塔のような位置づけでして、もともと、売却益が出るような価格に設定していないんです。この価格で売っても損失が出るんですが、それを広告費と見ているんです。だか

ら、さらに値引くことはできないんです（まったく値引きはできない、という印象を与えるため、あなたも「吹っかけ」で答えている）。

お客様：そんなことは電話であらかじめ伝えるべきでしょう。そうと知ってたら、今日、来ませんでしたから。分かりました、じゃあ帰ります。

あなた：（営業担当者としてなんとか交渉妥結を望む「弱者」の立場である）すみませんでした。電話では価格のことはいっさい、おっしゃらなかったので。

お客様：値引きは無理ってこと？

あなた：申し訳ありません。先ほどご説明したとおり、社の方針として値引きは無理なんです。でも、その他の条件でしたら検討させていただきますので。

お客様：（交渉の「強者」であることを最大限に利用する）いえいえ帰ります。別にどうしても契約したいわけじゃないし。

あなた：端数の調整なら、ひょっとしたら可能かもしれません。ただ私の一存では決められません。上司に相談しなければならないので、いまここで確約はできませんけれど。

お客様：端数って四〇万円ぽっちのこと？

あなた：ええ、まあ……。しかし四〇万円の値引きでのお客様の購入のお約束があれば、上司に

打診してみます。いかがでしょうか？

お客様：じゃあ、値引きは四〇万円で仕方ないにしても、その他にモデルルームで使っている家具とか室内装備品一式もサービスできないの？

あなた：四〇万円値引きでご契約していただけるなら、それも上司に交渉してみます。

お客様：いまこのモデルルームにあるベッドとか家具一式、照明、エアコンとか室内装備品とか全部付けてくれるなら、四〇万円値引きで契約するよ。

あなた：分かりました。上司と交渉してみます。（いったん部屋をしばらく出ている）お客様、それでOKということになりました。それでは本日、手付金のお支払いとご契約ということでよろしいでしょうか？

お客様：うん、まあいいや。

この交渉は、営業マンとしてのあなたにとっては「下手な交渉」でした。では、なぜ「下手な交渉」だったのでしょうか？　最大の失敗は「譲歩」を小出しにしなかったことです。

たしかに金額面では「譲歩」を小出しにしています。お客様は、あなたの冒頭の「吹っかけ」に惑わされ、小出しの「四〇万円値引き」を限界値のように感じてしまいました。ここまではあなたの勝ちです。

ところが、お客様が追加要求してきた室内装備品一式のサービスに対しては、あなたはまったく小出しの戦術を使いませんでした。ここがあなたのいちばんの失敗です。

お客様は、室内装備品一式という雑巾を絞ったら、ザアーと水が滴り落ちてきたので、「まだまだ絞れる」と思ったのです。そうではなく、一所懸命に絞っても、やっと水一滴がポタリと滴るだけだったら、お客様はもっと早めに「もうこれ以上は無理かな」と思ったでしょう。

小出し作戦による交渉

では売り手のあなたは、どのようにすれば、もっと「上手な交渉」にできたのでしょうか?

上手な交渉

お客様：じゃあ、値引きは四〇万円で仕方ないにしても、その他にモデルルームで使っている家具とか室内装備品一式もサービスできないの?

あなた：それは、いくらなんでも……。バルコニーにあるテーブルセットくらいなら大丈夫かもしれませんが。……いずれにしても、上司に相談してみないとお約束はできません。

お客様：そんなテーブルセットは二、三万円程度じゃないですか。それじゃあ四〇万円値引き以外は拒絶してるのと同じですよ。

あなた：それでは、子供部屋のベッドもつけるというのではどうですか？　やはり上司に確認しないと可能かどうかは、いまここでお約束はできませんが……。

お客様：（帰り支度を始めながら）室内装備品一式は無理なの？

あなた：次に販売するマンションでも使いますので、お客様に譲ってしまうと、また新品購入のコストがかかってしまうんですよ。ですから子供部屋のベッドが限界です。

お客様：（「そろそろ限界かな」と思い）じゃあ最後にあと一点だけ。居間のソファーセットかエアコンのどっちか一つだけでも追加サービスしてよ。

あなた：（渋い表情で五、六秒沈黙した後）分かりました。四〇万円の端数切り捨てといっしょに上司に打診してみます。ソファーセットかエアコンかは、こちらに一任していただけることとして、以上の条件でしたら、ご契約いただけますか？

お客様：いいですよ。

あなた：ありがとうございます。

あなたの譲歩の小出し戦術により、かなり多くの家具などが手元に残ったので、売り手のあなたにとってはその分、限界値から、より遠い値段で契約することができました。

あなたの「痛み」が相手の「満足」

基本戦略⓬でも述べたように、交渉の「落とし所」を考える際、人は「自分の満足」だけでは判断しません。「相手の痛み」も重要な判断材料にしています。

自分がある程度、満足していても、相手側が涼しい顔をしていると、なんとなく損をしているような、あるいは騙されているような気がするからです。逆に自分がまだ不満を感じていても、相手が「かなり痛そう」に見えれば、「ま、この辺が落とし所かな」という気持ちになります。

相手の痛そうな表情は、相手の敗北を意味し、それは必然的に自分の勝利を意味します。交渉で人が望むものは戦利品の多さだけではなく、「自分の勝利」という実感でもあるのです。相手の痛そうな様子から、自分が勝利していると感じることさえできれば、たとえ利益が少なくても満足できるのです。

したがって、あなたの最低目標値（限界値）からまだ遠く、相当な余裕がある場合でも、勝ち誇った素振りを見せてはいけません。あなたは「絞りきった雑巾」から、さらに水を絞り出す痛みに耐えているように振る舞うことが重要です。

交渉の基本戦略⑬【譲歩は小出しにせよ】のまとめ

★一度に大きな譲歩をするな！
★徐々に譲歩を小さくしていき「絞りきった雑巾」を演出せよ！
★たとえ自分が勝っていても、相手に「勝った！」と思わせよ！

交渉の基本戦略⑭
成果を欲張るな

「一筋縄」ではいかない交渉

これまでたびたび述べてきたような金額交渉は、いろいろな交渉の中でも、もっとも単純な例です。売り手はなるべく高く、買い手はなるべく安くということを求めます。パイの分取り合戦であり、一本の綱の引っ張り合いです。しかし日々の交渉は、こうした単純明快なものばかりではありません。一本の綱引きに喩えて考えると判断を誤ってしまう交渉もあるのです。

たとえば、次のようなケースで考えてみましょう。

あなたは営業部門で働く女子社員ですが、外回りの社員を補佐する内勤のデスクワークです。営業職に魅力を感じて入社したので、そろそろ補佐的な内勤ではなく、外回りで営業する仕事に就きたいと思っています。

しかし、あなたが外勤に替わりたいのは、直接、お客様と折衝する営業職で力を発揮したいという単純な理由からだけではありませんでした。じつは内勤チームを組んでいる先輩の中村さんと、どうしてもウマが合わないのです。もちろん先輩で、しかもチームの相棒ですから、表面的にはにこやかに接しています。しかしそれによるストレスも大いに感じています。

つまり「外勤に替わりたい」というあなたの希望の中には、できれば「中村さんから離れたい」という小さな希望も含まれていたのです。

おおざっぱな交渉

ただし、あなたは「外勤に異動できればすべてが解決」と単純に考えており、半年前、課長に外勤への異動希望を伝えていました。しかしその後、この件で課長からはなんの反応もありません。あなたは痺れを切らして、再度、課長と交渉しました。この交渉はどうなるでしょうか？

下手な交渉

あなた：課長、お願いしてある外勤への異動の件ですけど、無理でしょうか？

課　長：いやぁ、忘れてるわけじゃないよ。君の経歴や能力からすれば、そろそろ外勤で力を発揮してほしいと、僕も思っていたところだよ。ただし新卒採用を二年続けて控えているから、君が抜けると、内勤チームの補充がむずかしいという事情も分かってほしい。

あなた：でもベテランの中村さんがいらっしゃるじゃないですか。

課　長：そうなんだが。ともかく君を外勤に異動させる件はまったく無視しているわけじゃないんだ。人事に、君の代わりを申請しているから、順当なら来年の秋にはなんとかなる。

あなた：検討していただいて、ありがとうございます。でも来年の秋ですか！　一年以上先ですよね。せめて来年春までにはなんとかなりませんか？

課　長：人事にまた相談してみるけど、人を欲しがっているのはうちの部だけじゃないんだ。前回、相談したときの印象では、とても無理だと思う。新卒採用は来年春以降になるから、早くても、来年夏くらいだろうなぁ。

あなた：課長の見通しが来年夏でも、人事に打診するときは「今年の冬」くらいの希望を伝えていただけないでしょうか？

課　長：分かった。「今年の冬」で再度、押してみることは約束するよ。

あなた：ありがとうございます。よろしくお願いします。

こうして、あなたの異動の件はあいまいなままで終わってしまいました。そのため「中村さんと離れたい」という希望も道連れになって、当分はかなえられそうもありません。

あなたが外勤への異動だけを要求したため、課長との交渉は、それを実現する日程という一本の綱を引き合うことになってしまいました。そのため「オール・オア・ナッシング」交渉になってしまい、外勤への異動も中村さんから離れることもできずに終わってしまったのです。

では、どのように交渉したらよかったのでしょうか？　次はもっと上手な交渉を見てみます。

取れそうなものから取る

次の上手な交渉では、あなたは自分の希望を「外勤への異動」という太い綱と、「中村さんから離れる」という細い綱の二つに分けて交渉してみることにしました。

上手な交渉

あなた：でもベテランの中村さんがいらっしゃるじゃないですか。

課　長：そうなんだが。ともかく君を外勤に異動させる件はまったく無視しているわけじゃないんだ。人事に、君の代わりを申請しているから、順当なら来年の秋にはなんとかなる。

あなた：（「やはり早々には無理か」と気持ちを切り替えて、もう一つの希望に目を向ける）ありがとうございます。でも、来年の秋だと一年以上先ですよね。機会があれば、なるべく早められるように人事と折衝してみてください。

課　長：機会があれば、やってみるよ。

あなた：それから別件ですが、私がこの部署に異動して一年も経ち、中村さんの指導のおかげで、たいていの仕事は覚えたつもりです。そこで、私もそろそろ中村さんから独り立ちして、逆に教育係をかねて新人の斉藤君とチームを組んでみたいのですが。

課　長：それは嬉しい提案だね！　じつは僕も同じことを考えていたんだ。でも君と中村さんのチームは強力だから、解散させるのはちょっと惜しかった。それと、君に「教育係なんてまだ早いですよ」と断られるんじゃないかと思ってたし。でも、よかった。じゃあ、さっそく君と斉藤君の件も含めて新しい内勤チームの組み合わせを考えて、そうだな、来月一日から新チームで行こう。

あなた：承知しました。ありがとうございます。

この「上手な交渉」でも、異動の件はあいまいのままです。しかし、もう一つの希望である「中村さんから離れたい」は早々と実現することになりました。

「下手な交渉」では、「外勤への異動」という太い綱に、「中村さんと離れる」という細い綱も編み込んでしまい、一本の綱として引き合いました。一方「上手な交渉」では、二つの要求を別々の綱にしました。そして「外勤への異動」という綱引き（交渉）が不調でも、より細い綱（要求）の引き合いに再挑戦してみたのです。

別の喩えをすれば、外勤への異動は大きな岩のようなものです。大きくて重く、なかなか動かせません。しかしその一部を砕いた破片（中村さんから離れること）は容易に動かせたのです。

交渉に当たっては、希望のすべてを実現しようとこだわるのではなく、部分的でもよいから相手が合意できるところから進めていく、という柔軟さを持つことです。

交渉が難航したときには、大きな岩を小さく叩き砕くように、自分の要求が、より小さな要求に分解できないかを常に考えてください。そして、動かしやすい破片を探すように、相手が部分的にでも合意できそうな「小さな要求」がないかどうか、粘り強く交渉してください。
さらに、できれば、交渉前に交渉内容を「岩の小さな破片」にしておくことをお勧めします。

交渉の基本戦略⑭【成果を欲張るな】のまとめ

★交渉を単純な綱引きだと思い込むな!
★「オール・オア・ナッシング」の発想を捨てよ!
★すべてを一気に解決しようと欲張るな!
★大きな岩は小さく砕いてから動かせ!

交渉の基本戦略⑮

第三の道を探せ

分けられない物をどう分ける？

交渉では、しばしば双方の主張を「足して二で割る」方式で妥結します。しかしそのようにできない場合も少なくありません。

たとえば東京在住のあなたの父親が、新車を買うので、それまで乗っていた車を無償で子供に譲ると言います。しかしあなたは二人兄弟で、社会人の兄は京都に、弟のあなたは学生で仙台に住んでいるので、一台の車を共同で使うことはできません。そのためどちらが車を譲り受けるかの交渉になります。

この交渉の対象である父親の自動車は「足して二で割る」ことができないので、「どちらかが全部取る」ということになります。このように二者択一しかできないと、利害が対立したままで交渉が暗礁に乗り上げやすいものです。

そうしたときに必要なのが、思考の柔軟性です。「じゃあ、こうしたらどうでしょう？」と、まったく違った角度から提案する力です。

この自動車の例では、兄弟でどのように交渉したらよいのでしょうか？　まず、ありがちな交渉経過を見てみましょう。

下手な交渉

兄　：おまえは免許取りたてだろう？　自分の車なんてまだ早いよ。
あなた：だからこそ、はじめは中古車がいいんだ。多少、擦っても平気だし。
兄　：擦るって、中古といえどもオヤジの愛車だ。はじめから事故るつもりなら譲れないな。
あなた：アニキは高給取りなんだから新車を買えばいいじゃん！　学生の弟に譲るのが社会人の兄ってもんだろう？
兄　：バカ言うんじゃないよ！　おまえなんか学費全額を親から出してもらってるじゃないか。おれは奨学金で卒業して、いま、月々その返済で四苦八苦だよ。
あなた：関係ない話を持ち出すなよ！

第三の道を探る

こうして交渉は物別れに終わりました。この後、たとえ父親自身に兄弟どちらに譲るかを決めてもらったとしても、兄弟にはしこりが残ってしまいそうです。

車を兄が取るか弟が取るか、というような二者択一では、交渉は簡単に挫折しがちです。このような場合はどうすればよいのでしょうか？

キーポイントは「柔軟に発想する」ことです。

突然ですが、ここでちょっとしたパズルを出題します。

マッチ棒五本を左図のように置けば、一辺の長さがマッチ棒一本の正三角形が二個できます。ではマッチ棒六本で、同じく一辺の長さがマッチ棒一本の正三角形を四つ作りなさい。マッチ棒を折ってはいけません。

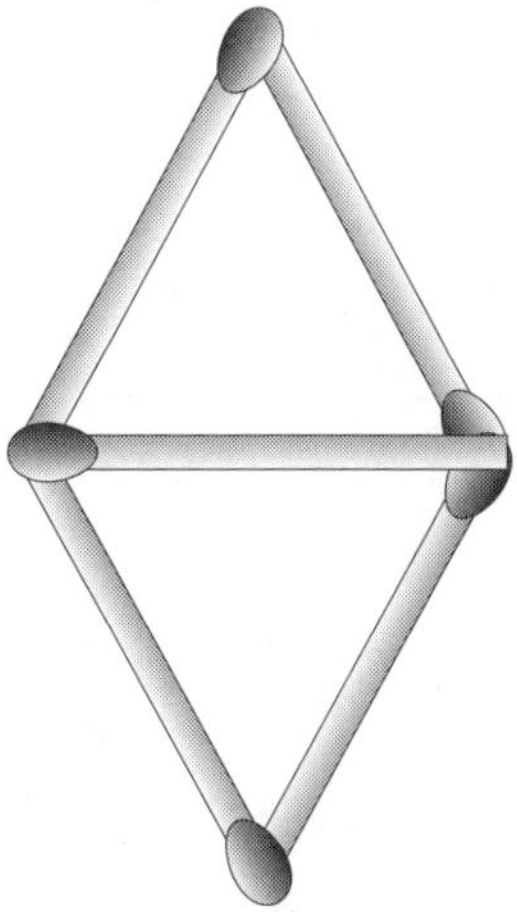

マッチ棒５本で
正三角形を２個作る。

正解は次ページにありますが、とりあえずそれは見ないで、実際にマッチ棒を使って考えてみてください。

じつは、上図のようにマッチ棒を並べていては、どれだけ並べ替えてみても、正三角形四つはできません。ここで大きな「発想の転換」が必要なのです。

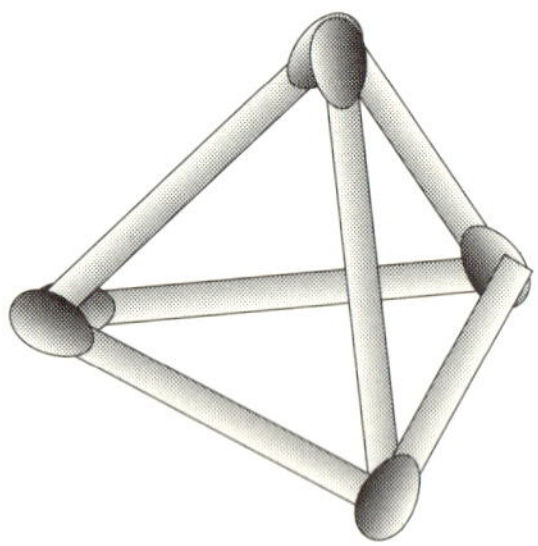

マッチ棒６本で
正三角形を４個作る。

正解は上図のように、立体的な正三角錐を作ればよいのです。正三角錐は四つの面がいずれも正三角形です。

あなたが「平面の世界でマッチ棒を並べる」という考えにとらわれていると、立体的に三角錐を作ることを思い浮かべることができません。交渉の場でも、双方が納得できる合意案を見出せない難局に直面したとき、平面から立体へというような柔軟な思考、つまり「発想の転換」によって難局を打開できることがあります。

そこで、先ほどは難航した兄弟の交渉を、今度は柔軟な発想で打開してみましょう。

上手な交渉

兄　：擦るって、中古といえどもオヤジの愛車だ。はじめから事故るつもりなら譲れないな。

あなた：……じゃあ、二人とも中古車を持つってのはどうだろう？

兄　：はあ～？

あなた：一台の中古車はオヤジがくれるだろう？　で、もう一台、中古車を買うんだよ。

兄　：なに言ってんの？

あなた：買う中古車の代金は、おれとアニキで折半するんだ。ま、おれはまだ学生だから、代金はおれとアニキで四分六くらいにしてほしいけど。

兄　：意味分からんよ。

あなた：おれかアニキかどっちかが、分割案を作るんだよ。たとえば「オヤジの車」と「二〇万円」みたいな分割案。オヤジの車を取ったほうが、二〇万円を払うわけ。

兄　：なるほどねぇ！

あなた：たとえばおれが「オヤジの車か二〇万円」とか「オヤジの車か三〇万円」とか、おれ自身が車かお金のどっちをもらっても文句がないような案を作る。そして、車かお金どちらを取るかはアニキが決めるんだよ。逆にアニキが案を作って、おれがどちらかを選んでもいいよ。

兄　：つまりオヤジの中古車をもらうほうが、その中古車価格の半額くらいを払うのか。そうすればおれもおまえも、オヤジの車の半額の価値をもらえるって意味で、公平ってことだね？

あなた：そう、お金をもらうほうは、自己資金を加えて中古車を買ってもいいし、他の使い道で

も自由ってことで、どう？

兄　：オッケ～、それで了解。「選択案を作る側」と「選ぶ側」、どっちをやりたい？　おまえのアイデアだから、ここはおまえが決めていいよ。

あなた：じゃあ、アニキが選択案を作ってくれない？　おれは選ぶほうがいいよ。

兄　：了解！

もちろん、あなたの提案がこの例のようにすんなりと受け入れられる保証はありません。しかし難航する交渉にも、柔軟に思考すれば、必ずその状況を打開する第三の道が見つかるはずです。柔軟な思考ができることは、交渉力の大きな要素なのです。

交渉の基本戦略⑮【第三の道を探せ】のまとめ

★狭い選択肢の世界にとらわれるな！
★大胆な発想の転換をせよ！
★第三の道を模索せよ！

交渉の基本戦略⑯

メールだけでの交渉には注意せよ

ネット上での交渉の特徴

たとえば、あなたはネットオークションでブランド物のバッグを落札しました。ところが自宅に届いた梱包を開いてみたら、出てきたのはネット画面での色と異なるバッグでした。そこで希望の色のバッグを再送するように要求しました。ところが出品者は「その色はありません」と商品交換にも返金にも応じません。

こうなったら、商品交換か返金を要求するあなたは、その要求を拒否する出品者と交渉しなければなりません。

この交渉は、当然、ネット上でのメールのやり取りで行われます。メールは基本的に文字だけによる交渉になります。メールでの交渉には、基本戦略⑮までで述べてきた相手と向き合う面談での交渉とは、決定的に異なる特徴が三つあります。

特徴① コミュニケーション量がきわめて少ない
特徴② 誤解がきわめて起こりやすい
特徴③ 交渉の記録が残る

メールだけで交渉する場合は、常にこの三点を念頭に置いておかないと、失敗することがあります。そこで以下、これらを説明しましょう。

コミュニケーション量がきわめて少ない

ネット上での交渉の特徴の一つは、面談での膨大なコミュニケーション量とは違って、メールでのコミュニケーション量がきわめて少ない点です。文字数で考えると分かりやすいのですが、メールで伝えられる情報量はきわめて限られるのです。

膝を交えての直接交渉で話される言葉はきわめて豊富です。五分間の話し合いでの発言をそのまま文字にしたら、膨大な文字数になるでしょう。ニュースでアナウンサーが読む原稿は、通常一分間で四〇〇字になるそうです。

さらに話し合いでは、発言内容以外にも、表情や声のトーンなどさまざまな情報が付け加わります。

これに対してメールだけで交渉した場合は、文字量は限られます。メールの文章を実際に話したら、あっという間の会話にしかならないでしょう。また、表情などが伴わない文字面だけの無機質な情報のやり取りしかできません。

コミュニケーション量がきわめて少ないことから、メールでの交渉には、直接面談の場合以上に、慎重かつ丁寧にコミュニケーションする心構えが必要になります。

誤解がきわめて起こりやすい

ネット上での交渉の二つ目の特徴は、発言の真意が誤解されやすく、しかも双方がそれに気づかないことがきわめて多い点です。

たとえば、あるスポーツの国際大会に関して、あなたが「日本に勝ってほしい」と発言したとします。この発言を聞いた人は、大部分が「日本がある国に勝ってほしい」と解釈するでしょう。しかしこの表現は「ある国が日本に勝ってほしい」と解釈することもできます。実際、聞き手の中には、あなたの真意をそのように誤解して受け取る人がいるかもしれません。

このように、会話中に聞き手が話し手の真意を誤解することは日常茶飯事です。しかも話し手、聞き手ともそのことに自覚がなく、自分の解釈こそ唯一の解釈と信じ込んでいることが多いのです。誤解の典型です。

ただし膝を交えてのやり取りなら、このような誤解も比較的早く解消するでしょう。もしも聞き手があなたの発言を「ある国が日本に勝ってほしい」と解釈したら、すぐさま「えっ？　君は日本人なのに日本が負ければいいと思ってるの？」と聞き返すことができます。あなたもすぐに「なに言ってんの？　違うよ！　私が言ってるのは……」と補足説明して、誤解が解けます。

膝を交えての会話では、情報の発信者と受信者が同じ場所、同じ時間を共有し、密に大量の情報のやり取りをしているからです。そのため、そもそも誤解が起こりにくく、仮に誤解が起こったとしても、その誤解は解けやすいのです。

これに対し、メールのやり取りでは、書き手と読み手が異なる場所、異なる時間にいることが多いため、誤解に気づくチャンスが両者とも小さくなります。やり取りしている情報量がきわめて少ないせいでもあります。こうして、メールだけでのコミュニケーションでは、誤解が誤解であることに気づけず、誤解が独り歩きしてしまいがちなのです。

つまりメールでの交渉では、解釈があいまいになる表現をそれだけ注意深く避けなければなりません。

交渉の記録が残る

さらに会話では、感情的になって多少言いすぎてしまっても、その場限りで残りません。

一方、メールではどうでしょうか？　まるで録音されながらの会話のように、すべてが記録に残ります。相手の気に障《さわ》るような表現を書いてしまえば、相手の気分を害する効果は、その場限りで済みません。相手がそのメールを読み返すたびに気分を害するのです。

しかも、怒った相手が「あいつ、こんなメールを送ってきやがった」とあなたのメールを、確たる証拠として第三者にも見せるかもしれません。メールでの不適切な発言は撤回ができないうえに、相手の周囲に拡大していく危険性さえあるのです。

あいまいな文章によって、あなたには悪意がなかったのに、相手の誤解を招いて相手の感情を害してしまっている可能性もあります。

したがってメールだけで交渉する場合は、「送信ボタン」を押す前に、不適切な表現はないか、誤解を招くあいまいな表現がないかなど、慎重に何度も何度もチェックしましょう。

なお、こうした文章表現については、ブルーバックスの既刊書『「分かりやすい文章」の技術』を参考にしていただくことをお勧めします。

交渉の基本戦略⑯【メールだけでの交渉には注意せよ】のまとめ

★直接面談以上に丁寧に述べよ

★あいまいな表現を避けよ

★「送信ボタン」を押す前に慎重にチェックせよ

第4章 交渉で勝つためのチェックリスト

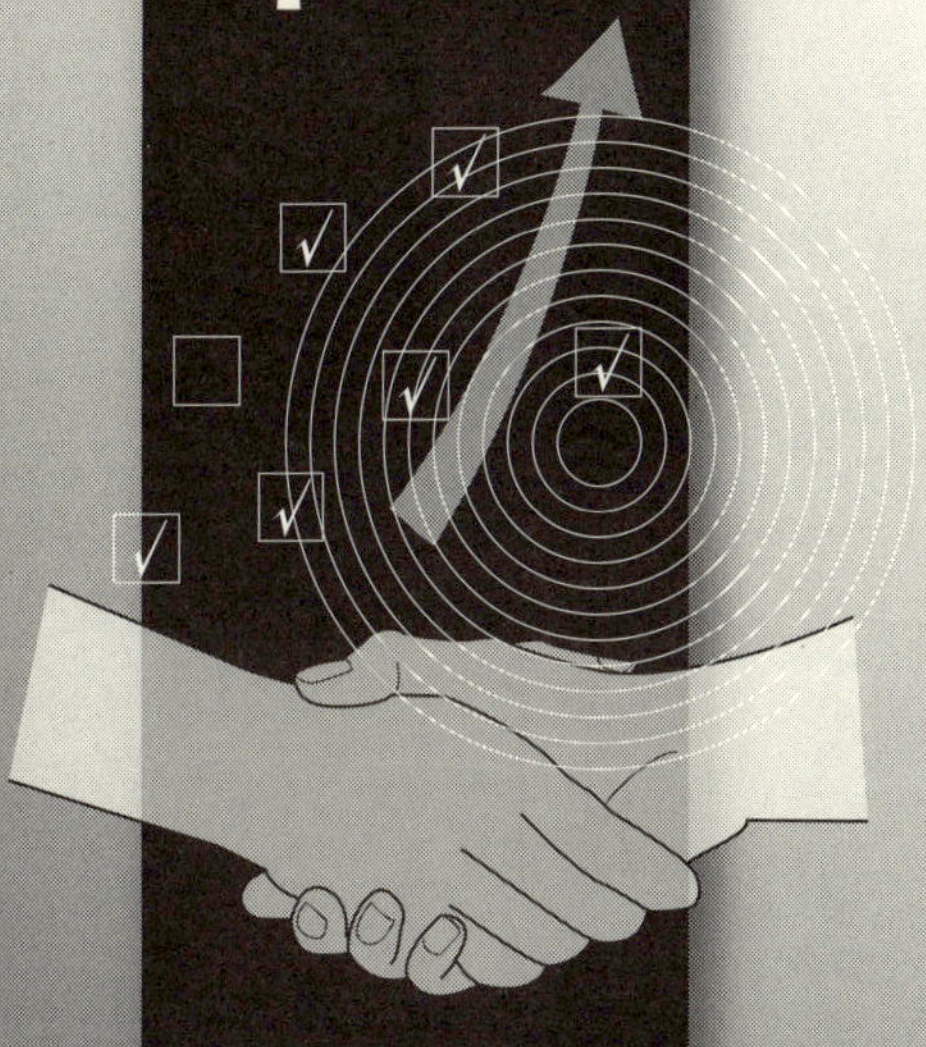

最後に「まとめ」として、あなたが、いま取り組んでいる、あるいはこれから始める交渉について、チェックリストを用意しました。

すでに交渉を始めている人は、答えが「はい」なら□にチェックを入れてください。あなたの答えが「いいえ」のため、チェックの入らない項目があなたの問題点です。

そして、これから交渉に取り組む人は、答えがすべて「はい」になるように心がけてください。そうすれば、あなたの交渉がうまくいく確率がきわめて高くなるはずです。

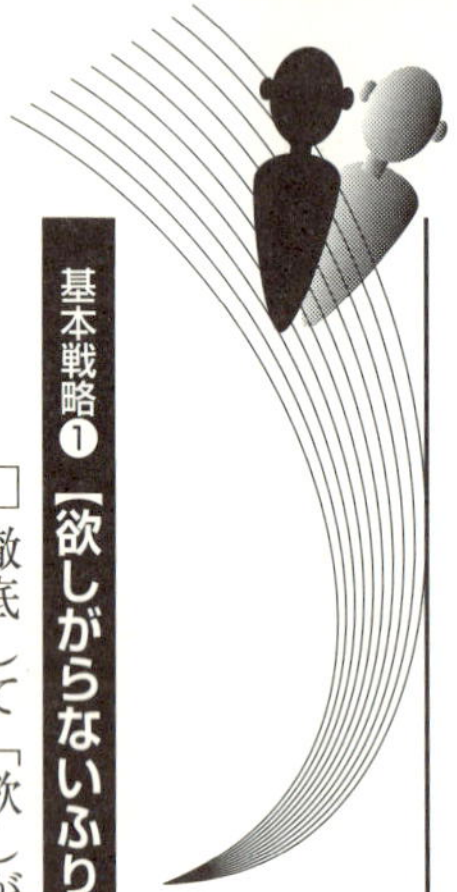

交渉で勝つためのチェックリスト

基本戦略❶【欲しがらないふりをせよ】

□徹底して「欲しがらないふり」をしているか?
□自分の限界値をできるだけ隠しているか?

□相手の譲歩案にすぐに飛びつきたくなる衝動を抑えているか？

基本戦略❷【交渉決裂の恐怖に耐えよ】

□表面上の交渉決裂を鵜呑みにせず、落ち着いているか？
□交渉決裂を恐れて、先に譲歩しそうになる衝動を我慢しているか？
□相手に先に譲歩させるため、チキンレースに耐えているか？
□チキンレースでの悪乗りを避けているか？
□表面上の交渉決裂時にも、静かに相手の様子を観察しているか？

基本戦略❸【正しい根拠で主張せよ】

□証明力の強い根拠で主張しているか？
□質問して相手の主張の根拠を探っているか？
□相手の「弱い根拠」を突き崩そうとしているか？
□相手を過剰に追い詰めることを控えているか？

基本戦略❹【相手の期待値を下げよ】

□冒頭で相手の期待値を突き崩しているか?
□自分の要求の根拠を示しているか?
□相手の要求を拒否する根拠を示せるか?

基本戦略❺【巧みに吹っかけよ】

□相手の限界値を探っているか?
□「吹っかけ」では相手の許容範囲を確実に外しているか?
□相手に見透かされる法外な「吹っかけ」を控えているか?

基本戦略❻【効果的に脅せ】

□交渉決裂による相手側の損失を説明しているか?
□相手に見透かされるようなハッタリを控えているか?
□相手に恨みを残すような脅しを避けているか?
□脅す前に、相手からの報復の脅しの可能性を検討したか?

基本戦略❼【相手をあせらせよ】

□（架空でもよいから）期限をちらつかせているか？
□相手が隠している期限を発見しようとしているか？
□（架空でもよいから）対抗馬を登場させているか？

基本戦略❽【相手の話はよく聞け】

□相手に対する人格攻撃を控えているか？
□よく聞いて、相手の真の要求を探っているか？
□よく聞いて、相手の「強み」と「弱み」を探っているか？
□よく聞いて、相手の感情の「ガス抜き」をしているか？
□よく聞いて、相手にも聞いてもらっているか？

基本戦略❾【相手に共感を示せ】

□相手の全面否定を控えているか？

□相手の主張に「共感の姿勢」を示しているか？
□相手側の満足に配慮しているか？
□自分にできる譲歩案を相手に尋ねているか？

基本戦略⑩【相手を助けよ】

□相手の表面上の主張に対し、その裏を考えてみたか？
□相手の本音の主張を聞き出しているか？
□「いっしょに解決しましょう」の精神で話しているか？
□相手の悩みを発見し、その解決に協力しようとしているか？

基本戦略⑪【「相手の譲歩案」を自ら提案せよ】

□相手の譲歩案を自ら提案しているか？
□相手の譲歩義務を説明しているか？
□相手の「頭の固さ」を柔軟な発想で切り崩そうとしているか？
□証拠を示して説得力を補強しているか？

基本戦略⑫【自分の譲歩は高く売れ】

□相手が喜ぶ譲歩を与えているか？
□自分の譲歩に「痛いふり」をしているか？
□本当に痛い譲歩案は隠しているか？

基本戦略⑬【譲歩は小出しにせよ】

□最初から大きく譲歩することを控えているか？
□徐々に譲歩を小さくして「絞りきった雑巾」を演じているか？
□あなたが勝っていても、相手に「勝った！」と思わせているか？

基本戦略⑭【成果を欲張るな】

□交渉を単純な綱引きと考えないようにしているか？
□単純な「オール・オア・ナッシング」思考を避けているか？
□すべてを一気に解決しようという「欲張り」を控えているか？

□自分の要求を小さく砕いてみたか？

基本戦略⑮【第三の道を探せ】

□狭い選択肢の世界を打ち破る発想をしているか？
□大胆な発想の転換をしてみたか？
□第三の道を模索しているか？

基本戦略⑯【メールだけでの交渉には注意せよ】

□直接面談以上に丁寧に述べているか？
□誤解を生みやすいあいまいな表現を避けているか？
□「送信ボタン」を押す前に慎重にチェックしたか？

N.D.C.361.3　174p　18cm

ブルーバックス　B-1707

「交渉力《こうしようりよく》」を強《つよ》くする

上手な交渉のための16の原則

2010年12月20日　第1刷発行
2011年2月2日　第3刷発行

著者　藤沢《ふじさわ》　晃治《こうじ》

発行者　鈴木　哲
発行所　株式会社講談社
〒112-8001 東京都文京区音羽2-12-21
電話　出版部　03-5395-3524
販売部　03-5395-5817
業務部　03-5395-3615
印刷所　（本文印刷）豊国印刷株式会社
（カバー表紙印刷）信毎書籍印刷株式会社
本文データ制作　講談社プリプレス管理部
製本所　株式会社国宝社

ISBN978-4-06-257707-6

発刊のことば

科学をあなたのポケットに

二十世紀最大の特色は、それが科学時代であるということです。科学は日に日に進歩を続け、止まるところを知りません。ひと昔前の夢物語もどんどん現実化しており、今やわれわれの生活のすべてが、科学によってゆり動かされているといっても過言ではないでしょう。

そのような背景を考えれば、学者や学生はもちろん、産業人も、セールスマンも、ジャーナリストも、家庭の主婦も、みんなが科学を知らなければ、時代の流れに逆らうことになるでしょう。

ブルーバックス発刊の意義と必然性はそこにあります。このシリーズは、読む人に科学的に物を考える習慣と、科学的に物を見る目を養っていただくことを最大の目標にしています。そのためには、単に原理や法則の解説に終始するのではなくて、政治や経済など、社会科学や人文科学にも関連させて、広い視野から問題を追究していきます。科学はむずかしいという先入観を改める表現と構成、それも類書にないブルーバックスの特色であると信じます。

一九六三年九月　　野間省一